Wolfgang Gula

# Pflanzen fürs Aquarium

Mit Fotos bekannter
Aquaristik-Fotografen
Zeichnungen:
Johann Brandstetter

# INHALT

## Aquarienpflanzen auswählen 4
Typisch Aquarienpflanzen 4
Entscheidungshilfen 6
Warum ein Aquarium Pflanzen braucht 9
Herkunft und Ökologie der Aquarienpflanzen 10
Pflanzenwahl und Einkauf 11
Checkliste: Beim Kauf beachten 12
Pflanzen im Porträt 13
Rosettenpflanzen 14
TIPP: Nicht fürs Aquarium geeignet 15
Stängelpflanzen 19
Besondere Wuchsformen 24
PRAXIS Pflanzbeispiele 26

## Aquarientechnik und Wasserqualität 29
Der richtige Standort 29
TIPP: Sicherheit rund ums Aquarium 30
Aquarienbeleuchtung 30
Heizsysteme 33
Filterung 34
Kohlendioxid-Düngung 35
TIPP: Konstantes Klima 35
Die Wasserqualität im Aquarium 36

Karbonathärte, pH-Wert und Kohlendioxid 36
Stickstoffverbindungen 38
Phosphat 39
Kalium, Magnesium und Kalzium 39
Spurenelemente 39
Versorgung im Urlaub 39

| Aquarien einrichten und bepflanzen | 41 | Aquarienpflanzen richtig pflegen | 49 | Anhang | 60 |
|---|---|---|---|---|---|
| Der richtige Bodengrund | 41 | Vermehrung, Verjüngung und Schnitt | 50 | Register | 60 |
| TIPP: Erst planen, dann pflanzen | 42 | Tabelle: Pflegeplan | 51 | Adressen und Literatur | 62 |
| Dekorationsmaterialien | 42 | Düngung | 51 | Impressum | 63 |
| Die Bepflanzung planen | 42 | Tabelle: Pannenhilfe | 54 | EXPERTEN-RAT | 64 |
| Die Pflanzen vorbereiten | 44 | Schäden an Pflanzen | 54 | | |
| Die Pflanzen einsetzen | 44 | 10 Goldene Regeln | 57 | | |
| PRAXIS Bepflanzen | 46 | PRAXIS Pflanzenpflege | 58 | | |

# 4 TYPISCH AQUARIENPFLANZEN

- Bilden im Aquarium eine richtige Unterwasserlandschaft.
- Sorgen durch ihr Wachstum für eine ständige Veränderung der Aquarienlandschaft.
- Liefern Sauerstoff, ohne den es kein Leben im Wasser geben würde.
- Helfen, das biologische Gleichgewicht im Aquarium aufrechtzuerhalten.
- Entgiften das Wasser und erzeugen ein gesundes Klima im Aquarium.
- Markieren die Reviergrenzen vieler Zierfischarten.
- Bieten Jungfischen Unterschlupf.

Für Liebhaber steht schon lange fest: Das Wichtigste an einem Aquarium ist eine prächtige, abwechslungsreiche Pflanzenlandschaft. Ein gesunder, artenreicher Bewuchs ist aber nicht nur eine wahre Augenweide, er erfüllt auch vielschichtige biologische Aufgaben. Gedeihen die Pflanzen im Aquarium, so kann man davon ausgehen, dass das Unterwasserklima auch für die meisten anderen Lebewesen in Ordnung ist. Gut wachsende Pflanzen produzieren nicht nur reichlich lebenswichtigen Sauerstoff, sie nehmen auch eine Menge das Wasser belastende Stoffe auf. Einige dieser Stoffe wie Nitrat nutzt die Pflanze zum Aufbau ihrer Körpermasse, andere wie Schwermetalle oder manche Pestizide werden in Pflanzenorganen eingelagert und so ebenfalls dauerhaft unschädlich gemacht.

Erst ein üppiger Bewuchs macht ein Aquarium zu einem naturnahen Lebensraum für die meisten Zierfischarten. Wasserpflanzen strukturieren das Becken und erleichtern dadurch die Orientierung und Revierabgrenzung. Sie schaffen schattige Unterstände, geeignete Ablaichstrukturen und sie bieten der Brut Versteckmöglichkeiten vor räuberischen Beckengenossen. Auch Aquarianer, die vor allem an Fischen interessiert sind, wissen um die große Bedeutung der Pflanzen für das Biotop Aquarium.

# 6 ENTSCHEIDUNGSHILFEN

**1** Betrachten Sie Pflanzen im Aquarium als rein dekoratives Beiwerk, oder richten Sie Ihr ganz besonderes Augenmerk auf die faszinierende Vielfalt der Unterwasserflora?

**2** Pflanzen können unterschiedlichste Ansprüche stellen (→ Pflanzen im Porträt, Seite 13-25). Wählen Sie für Ihr Aquarium Arten aus, die sich in ihren Ansprüchen zumindest ähneln.

**3** Bei anspruchsvollen Zierfischarten sollten Sie besonders darauf achten, dass die Bedürfnisse der Pflanzen denen der Fische ähnlich sind.

**4** Wenn Sie in Ihrem Aquarium einen speziellen Lebensraum nachbilden wollen, sollten Sie dazu nur solche Pflanzen auswählen, die in diesem auch natürlich vorkommen.

**5** Für die Neueinrichtung eines Aquariums sollten Sie zu mindestens 50 Prozent schnell wachsende Arten verwenden (→ Pflanzen im Porträt, Seite 13-25).

**6** Besonders wenig Pflegeaufwand erfordern die so genannten Rosettenpflanzen (→ Seite 14) - etwas pflegeintensiver sind dagegen Stängelpflanzen (→ Seite 19).

**7** Bei der Auswahl der Pflanzen sollten Sie immer auch die Größe Ihres Beckens bedenken (→ Pflanzen im Porträt, Seite 13-25).

**8** Lieben Sie Vielfalt ohne Chaos? Dann sollten Sie Wasserpflanzen einer Art überwiegend in Gruppen setzen. Eine Ausnahme stellen die ausgesprochenen Solitärpflanzen (→ Pflanzen im Porträt, Seite 13-25) dar, die am besten einzeln stehend wirken. Nutzen Sie aber auf jeden Fall die Kontrastwirkung der verschiedenen Formen und Farben, die das reiche Pflanzensortiment bietet.

Wenn Sie sich für die Anschaffung eines Süßwasser-Aquariums entschieden haben, sollten Sie sich genau überlegen, worauf Sie am meisten Wert legen. Soll das Aquarium in erster Linie als ein dekoratives Element in Ihrer Wohnung wirken, oder interessieren Sie sich mehr für die Biologie in diesem ganz speziellen Kleinbiotop?
Im ersten Fall gestaltet sich die Auswahl der Pflanzen etwas einfacher. Im Vordergrund steht das äußere Erscheinungsbild - Sie müssen nur darauf achten, dass die einzelnen Arten ähnliche Ansprüche an Temperatur, Licht und Wasserqualität haben. Die für ein solches Aquarium geeigneten Fische müssen sich untereinander vertragen und in ihren Ansprüchen mit denen der Pflanzen harmonieren - ansonsten sind Ihrem Geschmack keine Grenzen gesetzt.
Im zweiten Fall sollten Sie Ihre Pflanzenauswahl etwas genauer planen. Hier richtet sich die Zusammenstellung auch nach den Fischarten, die Sie später in Ihr Aquarium einsetzen wollen. So benötigen Schwarmfische viel freien Raum zum Schwimmen, der nicht von hoch und ausladend wachsenden Pflanzen begrenzt werden sollte. Andere Fischarten, wie zum Beispiel Diskusse, lieben schattige Standorte, wie sie besonders Pflanzen bieten, die ihre Blätter auf und über der Wasseroberfläche ausbreiten. Falls Sie sich zur Haltung von großen Buntbarschen entschieden haben, begrenzt sich die Pflanzenauswahl auf besonders robuste Gewächse.

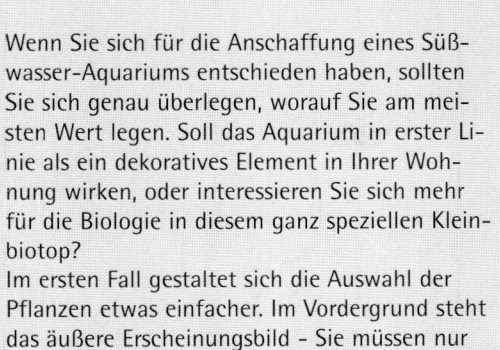

# AQUARIENPFLANZEN AUSWÄHLEN

*Wasserpflanzen sind weit mehr als nur schmückendes Beiwerk für Zierfische – sie übernehmen im Süßwasser-Aquarium viele lebenswichtige Aufgaben. Die richtige Auswahl der Arten erleichtert es, ein biologisches Gleichgewicht zu erreichen, in dem sich alle Lebewesen wohl fühlen.*

## Warum ein Aquarium Pflanzen braucht

Die einfachste Antwort wäre: »Weil sie so gut aussehen.« Aber das trifft auf Zierfische oder eine dekorative Wurzel ebenso zu. Die Bedeutung der Unterwasserflora ist weitreichender.

Ohne Sauerstoff kein Leben: Eine der wichtigsten Aufgaben der Aquarienpflanzen liegt in der Freisetzung von Sauerstoff durch einen Prozess, den man Photosynthese nennt. Ebenso wie an Land können Pflanzen auch im Wasser mit Hilfe ihres grünen Blattfarbstoffs Chlorophyll Licht als Energiequelle nutzen und damit Kohlendioxid ($CO_2$) und Wasser in Kohlenhydrate und Sauerstoff umwandeln. Die Kohlenhydrate werden zum Aufbau des Pflanzenkörpers und als Energiespeicher verwendet. Der Sauerstoff wird ins Wasser abgegeben, wo er den Tieren und Mikroorganismen zur Atmung zur Verfügung steht. Übrigens atmen auch die Pflanzen rund um die Uhr. Bei Tag muss deshalb genügend Sauerstoff gebildet werden, um allen Lebewesen über die Nacht zu reichen.

*Die Wasser-Haarnixe (Cabomba aquatica) hat feingefiederte Blätter und gelbe Blüten.*

Pflanzen für ein gesundes Klima: In einem Aquarium fallen große Mengen an Stickstoffverbindungen an. Sie stammen aus Futterresten sowie den Ausscheidungen der Fische. Spezielle Mikroorganismen bauen diese Verbindungen bis zu einer Form ab, die von den Pflanzen als »Dünger« aufgenommen wird. Indem sie Stickstoffverbindungen, aber auch viele andere das Wasser belastende Stoffe wie Pestizide, Fischmedikamente oder Schwermetalle aufnehmen und so unschädlich machen, übernehmen die Pflanzen sozusagen die Aufgabe einer Müllabfuhr im Aquarium. Aber auch darüber hinaus sorgen sie für ein gesundes Klima: Gut gedeihende Aquarienpflanzen sind die beste Methode, lästigen Algenwuchs zu unterdrücken.

Strukturen für den Lebensraum: Den Zierfischen bieten die Pflanzen die verschiedensten Versteckmöglichkeiten. Vielen Arten erleichtern sie das Abgrenzen ihrer Reviere, oder sie stellen für sie geeignete Ablaichstrukturen dar.

Ein Aquarium ohne Pflanzen macht also höchstens in Ausnahmefällen (z. B. Quarantänebecken) Sinn. Die positiven Auswirkungen auf alle Lebewesen und die vielen Gestaltungsmöglichkeiten rechtfertigen es, sich für die Planung und Pflege der Bepflanzung Zeit zu nehmen.

# Aquarienpflanzen auswählen

## Herkunft und Ökologie der Aquarienpflanzen

Der Begriff »Aquarienpflanzen« bezeichnet alle für eine dauerhafte Haltung im Aquarium geeigneten Arten. Neben den eigentlichen Wasserpflanzen sind darunter auch eine ganze Reihe von Sumpfpflanzen.

Die reinen Wasserpflanzen können ganzjährig unter Wasser gedeihen – man nennt dieses Wachstum »submers«. Die Stängel und Blätter solcher Arten verfügen über ein Luftgefäßsystem, das der ganzen Pflanze den nötigen Wasserauftrieb verleiht. Ihre Blätter sind in der Regel zart und dünn und häufig fein gegliedert. So erniedrigen Wasserpflanzen ihren Wasserwiderstand und vergrößern ihre Blattoberfläche, durch die sie einen Großteil der für ihr Wachstum nötigen Stoffe aufnehmen. Ein typisches Beispiel für eine solche Art ist *Limnophila sessiliflora* (→ Seite 23). Die Wurzeln werden bei vielen Wasserpflanzen nicht mehr zur Nährstoffaufnahme benötigt – sie sind nur noch Haftorgane oder ganz reduziert.

Sumpfpflanzen leben nur während der feuchten Jahreszeit völlig submers – sinkt der Wasserstand, stehen sie ganz oder teilweise im Trockenen. Man nennt diese Form des Wachstums »emers«.. Bei der Umstellung von einem Zustand zum anderen kommt es zu mehr oder weniger großen Veränderungen im Erscheinungsbild. Bei den meisten Arten werden die submersen Pflanzenteile deutlich zarter ausgebildet, wenn sie auch im Vergleich mit echten Wasserpflanzen gröber und weniger gegliedert sind. Die Wurzeln spielen bei der Nährstoffaufnahme aller Sumpfpflanzen eine wichtige Rolle, weswegen der Aquarienboden genügend gedüngt werden muss (→ Seite 51).

Besondere Lebensräume:

✔ Schwimmpflanzen, wie *Pistia stratiotes* (→ Seite 25), können durch Einlagerungen von Luft auf der Wasseroberfläche treiben. Mit Hilfe ihrer feinen Wurzeln entziehen sie dem Wasser die benötigten Nährstoffe.

✔ Der Gischtbereich von Wasserfällen ist ein extremer Standort, den sich z.B. *Microsorum pteropus* (→ Seite 24) oder *Bolbitis heudelottii* (→ Seite 25) erobert haben.

# Auswahlkriterien

## Pflanzenwahl und Einkauf

»Wer die Wahl hat, der hat die Qual«. Das gilt auch bei der Zusammenstellung von Pflanzen für das eigene Aquarium. Im Zoofachhandel findet man in der Regel ein breites Sortiment vor, das jeden Aquarienfreund begeistert, aber auch vor große Probleme stellt.

### Auswahlkriterien

Die richtige Auswahl zu treffen ist angesichts der verwirrenden Vielfalt der Arten gar nicht so einfach. Nutzen Sie in jedem Fall die Hilfestellung einer kompetenten Beratung im Zoofachhandel und bedenken Sie die folgenden wichtigen Kriterien, um ein üppig bepflanztes, biologisch stabiles Aquarium zu erhalten.

✔ Wenn Sie den Aufwand für die Pflege Ihres Aquariums gering halten wollen, sollten Sie bevorzugt Rosettenpflanzen (→ Seite 14) wählen.

✔ Behalten Sie bei der Auswahl der Pflanzen immer die Größe Ihres Aquariums im Auge. Bei kleineren Becken machen stark wuchernde Arten keinen Sinn – sie würden den ihnen zur Verfügung stehenden Platz in kürzester Zeit ausfüllen. Wählen Sie aber auch für große Aquarien nicht ausschließlich große Pflanzenarten aus. Ein unterschiedlich hoher Bewuchs leitet das Auge in die Tiefe und sorgt für ein natürlicheres Erscheinungsbild.

✔ Die meisten Aquarienpflanzen wirken am besten in Gruppen. Nur ausgesprochene Solitärpflanzen wie *Nymphaea lotus* (→ Seite 18) sollten einzeln gesetzt werden.

✔ Etwa die Hälfte der gewählten Pflanzen sollte schnell wachsenden Arten angehören. Diese tragen wesentlich mehr zu einem gesunden Aquariumklima bei.

*Der Querschnitt durch ein natürliches Gewässer zeigt die verschiedenen Wachstumszonen von im, bzw. am, Wasser lebenden Pflanzen.*

# Aquarienpflanzen auswählen

## Checkliste
## Beim Kauf beachten

Achten Sie beim Kauf von Aquarienpflanzen darauf, dass die folgenden Punkte weitgehend zutreffen:

**1** Die Aquarienpflanzen werden in einer gepflegten, gut beleuchteten Pflanzenverkaufsanlage angeboten.

**2** Jede einzelne Pflanze ist mit einem gut leserlichen Etikett (deutscher und wissenschaftlicher Name, Sorte) beschriftet.

**3** Die Angebotsvielfalt in der Verkaufsanlage ist groß und es stehen jeweils mehrere Pflanzen einer Art zur Verfügung.

**4** Die Pflanzen – Stängel und Blätter – sind frei von Fraßschäden oder anderen Verletzungen.

**5** Die Blätter weisen ein gleichmäßiges, sattes Grün auf.

**6** Die Blätter und Stängel sind nicht von Algen bewachsen.

**7** An den Pflanzen sind keine braunen Blätter oder sonstige Verfärbungen zu sehen.

✔ Um ein gleichmäßiges und üppiges Wachstum zu gewährleisten, sollten die gewählten Pflanzen in ihren Ansprüchen bezüglich Licht, Temperatur und Wasserqualität in etwa übereinstimmen.

✔ Wenn Sie bestimmte Fischarten halten möchten, kann dadurch die mögliche Auswahl an Pflanzen deutlich eingeschränkt sein. So benötigen zum Beispiel Diskusfische relativ hohe Wassertemperaturen und viele Buntbarscharten hartes Wasser – Bedingungen, die nur ein Teil der Aquarienpflanzen verträgt. Wenn Sie Schwarmfische pflegen möchten, die viel Schwimmraum benötigen, eignen sich hoch und ausladend wachsende Pflanzen höchstens für den Hintergrund.

✔ Spielt der Biotopgedanke, also die Nachbildung eines bestimmten Lebensraumes, eine Rolle, so sollten nur miteinander harmonierende Pflanzen- und Fischarten aus dem gleichen Herkunftsgebiet ausgewählt werden.

### Aquarienpflanzen transportieren

Wenn Sie dann Ihre Pflanzen endlich ausgewählt und erstanden haben, müssen Sie sie noch unbeschadet nach Hause transportieren. Im Zoofachgeschäft werden Ihnen die Gewächse in der Regel feucht in einen Plastikbeutel eingepackt. Für einen kurzen Transportweg nach Hause reicht das aus. Bedenken Sie dabei aber immer, dass Aquarienpflanzen sehr empfindlich sind:

✔ Lassen Sie den Pflanzenbeutel niemals in der Sonne liegen, die Pflanzen können sich sonst sehr leicht überhitzen.

✔ Im Winter sollte der Pflanzenbeutel unbedingt dick in Zeitungspapier oder in ein anderes isolierendes Material eingewickelt werden.

**Wichtig:** Legen Sie die Pflanzen zu Hause möglichst bald in temperiertes Wasser (20 bis maximal 25 °C warm).

# Pflanzen im Porträt

*Artenreicher Pflanzenbestand im Wettstreit um die vorhandene Fläche.*

In den folgenden Porträts wird Ihnen eine Auswahl an anpassungsfähigen Aquarienpflanzen vorgestellt, die in den meisten Zoofachgeschäften erhältlich sind. Grundsätzlich unterscheidet man wegen ihrer unterschiedlichen Pflegeansprüche Rosetten- von Stängelpflanzen. Pflanzen mit besonderen Wuchsformen werden im dritten Abschnitt der Porträts vorgestellt. Daneben erhalten Sie wichtige Informationen zur Auswahl und Pflege der jeweiligen Arten (Hinweise auf Fotos nach dem lateinischen Namen):
✔ Eine Kurzcharakteristik der Art und ihr Einsatz im Aquarium.
✔ Ihre Herkunft.
✔ Die Temperatur- und Lichtansprüche.
✔ Besonderheiten in der Pflege.
✔ Alternative, ähnlich zu pflegende Arten.

Auf eine Einteilung der Pflanzen hinsichtlich pH-Wert und Wasserhärte wurde bewusst verzichtet. Bei einer optimalen Kontrolle und Einstellung der Wasserqualität, wie dies im zweiten Kapitel (→ Seite 29) beschrieben wird, akzeptieren alle in diesem Buch beschriebenen Arten den vorliegenden pH-Wert und die Wasserhärte. Beachten Sie dazu auch die Hinweise im Kapitel zur Wasserqualität (→ Seite 36).

# Aquarienpflanzen auswählen

## Rosettenpflanzen
Als Rosettenpflanzen bezeichnet man in der Botanik Arten, deren Blätter alle von einer Basis ausgehen. Von oben betrachtet stellen diese Pflanzen rosettenartige Gebilde dar – daher der Name. Weitere Hinweise zu dieser Gruppe finden Sie auch im Kapitel Pflege (→ Seite 49).

### Afrikanisches Zwergspeerblatt
*Anubias barteri* var. *nana* (→ Foto, Seite 16)
Langsam wachsende, niedrig bleibende, ausgesprochen robuste Art für den Vordergrund oder auch zum Aufbinden auf Wurzeln und Steine (→ Seite 46).
Herkunft: tropisches Afrika
Temperatur: 22 – 26 °C
Lichtanspruch: gering
Besonderes: Speerblätter sind wegen ihrer Unverwüstlichkeit klassische Pflanzen für das Barschbecken.
Ähnlich zu pflegen: *Anubias afzelii, A. gracilis, A. barteri* var. *barteri, A. heterophylla, A. lanceolata, A. congensis*.

### Sumatrafarn
*Ceratopteris thalictroides* (→ Foto, Seite 37)
Sehr schnell wachsende Farnpflanze mit reich verästeltem Blattwerk für den Hintergrund.
Herkunft: Indonesien, Südostasien
Temperatur: 22 bis 28 °C
Lichtanspruch: mittel
Besonderes: Besonders gut geeignet zum Verdecken von Filter und Heizer im Aquarium.
Ähnlich zu pflegen: *Hygrophila difformis*.

### Grasblättriger Wasserkelch
*Cryptocoryne crispatula* var. *balansae* (→ Foto, Seite 17)
Pflegeleichte, relativ langsam wachsende Art für den Mittelgrund; ein Blickfang durch ihre bis zu 30 cm langen, genoppten Blätter.
Herkunft: Indien, Südostasien
Temperatur: 20 bis 26 °C
Lichtanspruch: gering bis mittel
Besonderes: Im Handel sind viele Varietäten mit unterschiedlich breiten Blättern erhältlich.
Ähnlich zu pflegen: *Cryptocoryne spiralis, C. undulata, C. aponogetifolia, C. retrospiralis, C. tonkiniensis*.

### Wendts Wasserkelch
*Cryptocoryne wendtii* (→ Foto, Seite 17)
Schnellwüchsige Vordergrundpflanze, die in kürzester Zeit dichte Bestände bildet; gehört zur Grundausstattung eines Aquariums.

*Nymphaea lotus ist in mehreren Varietäten im Zoofachhandel erhältlich.*

## Rosettenpflanzen

Herkunft: Sri Lanka, Südostasien
Temperatur: 22 bis 26 °C
Lichtanspruch: eher gering
Besonderes: Grün- und braunblättrige Formen.
Ähnlich zu pflegen: *Cryptocoryne walkeri*, *C. beckettii*, *C. moehlmanii*.

### Willis Wasserkelch
*Cryptocoryne x willisii* (→ Foto, Seite 17)
Langsam wachsende Vordergrundpflanze.
Herkunft: Sri Lanka, Indien
Temperatur: 22 bis 28 °C
Lichtanspruch: mittel bis hoch
Besonderes: Wirkt empfindlicher als sie ist.
Ähnlich zu pflegen: *Cryptocoryne lucens*, *C. nevillii*, *C. parva*.

### Große Schwertpflanze
*Echinodorus bleheri* (→ Foto, Seite 16)
Sehr groß- und schnellwüchsige Solitärpflanze für den Mittelgrund.
Herkunft: Südamerika
Temperatur: 22 bis 28 °C
Lichtanspruch: mittel
Besonderes: Braucht viele Nährstoffe - deshalb regelmäßig düngen (→ Seite 51).
Ähnlich zu pflegen: *Echinodorus amazonicus*, *E. parviflorus*, *E. martii*.

### Herzblättriger Froschlöffel
*Echinodorus cordifolius* (→ Foto, Seite 16)
Sehr groß- und schnellwüchsige Pflanze mit breiten Blättern.
Herkunft: Nord-, Süd- und Mittelamerika
Temperatur: 20 bis 28 °C
Lichtanspruch: mittel bis hoch
Besonderes: Streckt in offenen Aquarien ihre großen Blätter aus dem Wasser.
Ähnlich zu pflegen: *Echinodorus schlüteri*, *E. osiris* (→ Foto, Seite 61), *E. horizontalis* (→ Foto, Seite 44), *E. barthii*.

> **TIPP**
>
> **Nicht fürs Aquarium geeignet**
>
> Im Handel werden von Zeit zu Zeit Pflanzen für das Aquarium angeboten, die für diesen Lebensraum völlig ungeeignet sind. Es handelt sich hierbei in der Regel um reine Zimmerpflanzen, die unter Wasser innerhalb kürzester Zeit absterben. Beispiele für solche Arten sind:
> Kolbenfaden (*Aglaonema* species)
> Kaladie (*Caladium*-Bicolor-Hybriden)
> Grünlilie (*Chlorophytum comosum*)
> Zyperngras (*Cyperus alternifolius*)
> Keulenlilie (*Cordyline terminalis*)
> Dieffenbachie (*Dieffenbachia* species)
> Drachenbaum (*Dracaena sanderiana*)
> Fittonie (*Fittonia verschaffeltii*)
> Hüllenklaue (*Hypoestes phyllostachya*)
> Schlangenbart (*Peliosanthes* species)
> Baumfreund (*Philodendron* species)
> Kanonierblume (*Pilea vanderi*)
> Efeutute (*Scindapsus aureus*)
> Mooskraut (*Selaginella* species).

### Zwergschwertpflanze
*Echinodorus quadricostatus* (→ Foto, Seite 17)
Hellgrüne, mittelschnell wachsende Vordergrundpflanze mit schönen Ausläufern.
Herkunft: Mittel- und Südamerika
Temperatur: 22 bis 28 °C
Lichtanspruch: hoch
Besonderes: Neigt zu Eisenmangelkrankheiten (→ Seite 53).
Ähnlich zu pflegen: *Echinodorus tenellus*, *E. bolivianus*, *Sagittaria platyphylla*, *Eleocharis parvula*.

# IM PORTRÄT: ROSETTENPFLANZEN

Bei Rosettenpflanzen wachsen die Blätter von einem Pflanzenzentrum aus. Die Blätter selbst sitzen an einem mehr oder weniger langen Blattstiel, der bei einigen Arten aber auch fehlen kann.

*Der Herzblättrige Froschlöffel (Echinodorus cordifolius) benötigt viel Platz im Aquarium.*

*Die Schraubenvallisnerie (Vallisneria spiralis) bildet eine dichte grüne Wand im Aquarium.*

*Foto unten: Afrikanisches Speerblatt (Anubias barteri var. nana).*

*Foto rechts: Große Schwertpflanze (Echinodorus bleheri).*

*Foto links: Die Zwergschwertpflanze (Echinodorus quadricostatus) wächst umso schneller und üppiger, je mehr Licht sie erhält.*

*Foto oben: Wendts Wasserkelch (Cryptocoryne wendtii) gedeiht in fast jedem Aquarium.*

*Foto oben: Kleines oder Flutendes Pfeilkraut (Sagittaria subulata).*

*Foto oben: Grasblättriger Wasserkelch (Cryptocoryne crispatula).*

*Foto links: Willis Wasserkelch (Cryptocoryne x willisii).*

# Aquarienpflanzen auswählen

### Rote Tigerlotus
*Nymphaea lotus rubra* (→ Foto, Seite 2/3)
Schnell wachsende, sehr attraktive Solitärpflanze für größere Aquarien.
Herkunft: Zentralafrika, Madagaskar
Temperatur: 22 bis 28 °C
Lichtanspruch: hoch
Besonderes: Bildet an langen, bis zur Wasseroberfläche reichenden Stängeln Schwimmblätter aus, die das Aquarium beschatten und regelmäßig entfernt werden müssen (→ PRAXIS Pflanzenpflege, Seite 58/59).
Ähnlich zu pflegen: *Nymphaea lotus* ›Grün‹, *Nymphaea stellata, Barclay longifolia rubra.*

### Kleines oder Flutendes Pfeilkraut
*Sagittaria subulata* (→ Foto, Seite 17)
Schnell wachsende, niedrig bleibende Vordergrundpflanze; vermehrt sich durch Ausläufer und bildet einen richtigen Unterwasserrasen.
Herkunft: östliche USA, Südamerika
Temperatur: 18 bis 28 °C
Lichtanspruch: mittel
Besonderes: Den Bestand von Zeit zu Zeit auslichten, damit die Pflanzen nicht zu stark in die Höhe wachsen.
Ähnlich zu pflegen: *Lilaeopsis novae-zelindae, Glossostigma elatinoides, Echinodorus tenellus.*

### Schraubenvallisnerie
*Vallisneria spiralis* (→ Foto, Seite 16)
Durch ihre senkrecht nach oben wachsenden, schmalen Blätter die optimale Hintergrundpflanze; vermehrt sich über am Boden kriechende Ausläufer und bildet in kürzester Zeit blickdichte Bestände.
Herkunft: Asien, Afrika, Australien
Temperatur: 20 bis 28 °C
Lichtanspruch: gering bis mittelhoch
Besonderes: Die Bezeichnung »*spiralis*« geht auf den spiralförmigen Blütenstiel zurück, den die Vallisnerie je nach Wasserstand aus- bzw. einfährt.
Ähnlich zu pflegen:
*Vallisneria contorcionist,
V. gigantea,
V. asiatica.*

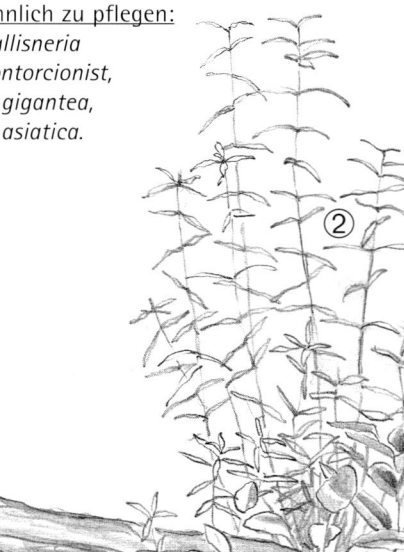

*1 Pflanzstraße aus Kardinalslobelien, 2 Rundblättrige Rotala, 3 Amazonas Schwertpflanze.*

## Stängelpflanzen

Als Stängelpflanzen bezeichnet man in der Botanik Arten, die ihre Blätter an einem kriechenden oder aufrechten Stängel bilden. Im Gegensatz zu Rosettenpflanzen besitzen sie kein fixes Wachstumszentrum, sondern sie werden ständig länger und verzweigen sich bei den meisten Arten auch noch. Diese Form des Wachstums bringt für den Aquarianer einen erhöhten Pflegeaufwand mit sich, da die Pflanzen regelmäßig verjüngt und in ihrer Wuchshöhe auf das gewünschte Maß eingedämmt werden müssen (→ Kapitel Pflege, Seite 49).

### Großes Papageienblatt

*Alternanthera reineckii* ›Rosablättrig‹ (→ Foto, Seite 48)
Attraktive, schnellwüchsige, rot- bis lilafarbene Mittelgrundpflanze.
Herkunft: Südostasien
Temperatur: 22 bis 28 °C
Lichtanspruch: mittel bis hoch
Besonderes: Widerlegt die Behauptung, rotblättrige Pflanzen seien schwierig zu halten.
Ähnlich zu pflegen: *Alternanthera cardinalis*, *A. sessilis*, *Rotala macranta*, *Ammania gracilis* (→ Foto, Seite 52).

### Großblättriges Fettblatt

*Bacopa caroliniana* (→ Foto, Seite 20)
Relativ schnell wachsende Mittelgrundpflanze mit attraktiven, olivgrünen, dickfleischigen Blättern.
Herkunft: südöstliche USA, Mittelamerika
Temperatur: 20 bis 26 °C
Lichtanspruch: mittel bis hoch
Besonderes: Bei starkem Licht verfärben sich die Blätter etwas bräunlich. Die Pflanze wirkt unregelmäßig eingekürzt besonders attraktiv.
Ähnlich zu pflegen: *Bacopa monnieri*, *Lysimachia nummularia*.

### Carolina-Haarnixe

*Cabomba caroliniana* (→ Foto, Seite 25)
Die mit Abstand meistverkaufte schnell wachsende Stängelpflanze; bildet bei gutem Licht- und Nährstoffangebot im Hintergrund große dekorative Büsche.
Herkunft: östliche USA, Südamerika
Temperatur: 20 bis 25 °C
Lichtanspruch: mittel bis hoch
Besonderes: Bietet Jungfischen guten Schutz vor räuberischen Beckengenossen.
Ähnlich zu pflegen: *Cabomba aquatica* (→ Foto, Seite 8), *C. piauhyensis*, *Myriophyllum aquaticum*, *M. scabratum*, *Ceratophyllum submersum*.

### Wasserpest

*Egeria (Elodea) densa* (→ Foto, Seite 21)
Die wohl bekannteste Wasserpflanze ist sehr schnell wachsend; wird entweder im Hintergrund oder frei treibend eingesetzt; bildet kaum Wurzeln.
Herkunft: Kosmopolit
Temperatur: 10 bis 24 °C
Lichtanspruch: mittel bis hoch
Besonderes: Auf Grund ihrer hohen Toleranz hinsichtlich der Wasserqualität ist die Wasserpest bestens geeignet für Neueinrichtungen; die Pflanze bekommt aber auf Dauer Schwierigkeiten mit den hohen Temperaturen im tropischen Aquarium.
Ähnlich zu pflegen: *Lagarosiphon major*, *Elodea crispa*.

# IM PORTRÄT: STÄNGELPFLANZEN

Stängelpflanzen besitzen im Gegensatz zu Rosettenpflanzen keinen Pflanzenmittelpunkt. Mit ihren Stängeln wachsen sie immer weiter in die Höhe und bilden an neuen Stängeln weitere Blätter.

*Foto oben: Der Indische Wasserstern (Hygrophila difformis) benötigt viel Raum zur Entfaltung.*

*Foto oben: Rundblättriges Perlenkraut (Micranthemum umbrosum).*

*Foto rechts: Riesenwasserfreund (Hygrophila corymbosa).*

*Foto links: Das Großblättrige Fettblatt (Bacopa caroliniana) wirkt nur in Gruppen.*

*Foto links: Ludwigia palustris x L. repens zeigt eine intensive Rotfärbung auf der Blattunterseite.*

*Foto oben: Der kleine Sumpffreund (Limnophila sessiliflora) sollte in keiner Erstbepflanzung fehlen.*

*Foto oben: Hygrophila polysperma ›Rosanervig‹ ist eine Varität des Indischen Wasserfreunds.*

*Foto oben: Die Kardinalslobelie bildet unter Wasser runde grüne Blätter.*

*Foto links: Die Wasserpest (Egeria densa) ist ein guter Sauerstoffspender.*

# Aquarienpflanzen auswählen

### Brasilianischer Wassernabel
*Hydrocotyle leucocephala* (→ Foto, Seite 6/7)
Schnell wachsende Hintergrundpflanze für größere Aquarien; sehr attraktiv durch ihre ungewöhnliche Blattform und durch die Wurzeln an den Blattachseln.
Herkunft: Südamerika
Temperatur: 18 bis 28 °C
Lichtanspruch: niedrig bis hoch
Besonderes: Wächst an der Wasseroberfläche flutend weiter und spendet dann reichlich Schatten.
Ähnlich zu pflegen: *Hydrocotyle verticillata*, *Cardamine lyrata* (→ Foto, Seite 33).

### Riesenwasserfreund
*Hygrophila corymbosa* (→ Foto, Seite 20)
Schnellwüchsige Gruppenpflanze für den Mittelgrund größerer Aquarien.
Herkunft: Südostasien
Temperatur: 22 bis 28 °C
Lichtanspruch: mittel bis hoch
Besonderes: Die Pflanzen verlieren unter Umständen nach dem Einsetzen einige Blätter, treiben aber in der Regel schnell wieder aus.
Ähnlich zu pflegen: *Hygrophila siamensis*, *H. salicifolia*.

### Indischer Wasserstern
*Hygrophila difformis* (→ Foto, Seite 20)
Schnell wachsende Pflanze für den Aquarienmittelgrund mit auffälligen, stark gefiederten Blättern; sie sollte auf jeden Fall genügend Freiraum erhalten.
Herkunft: Indien, Thailand, Malaysia
Temperatur: 22 bis 28 °C
Lichtanspruch: mittel
Besonderes: Ist auch unter den Bezeichnungen *Vistaria* oder *Synema* im Handel.
Ähnlich zu pflegen: *Hygrophila difformis* ›Weißgrün‹, *Ceratopteris thalictroides*.

*Mit Javafarn, Teichlebermoos und Javamoos bewachsene Wurzel.*

# Stängelpflanzen

## Indischer Wasserfreund
*Hygrophila polysperma* (→ Foto, Seite 21)
Robust und schnell wachsende Pflanze für den Hinter- und Mittelgrund.
Herkunft: Indien
Temperatur: 22 bis 28 °C
Lichtanspruch: mittel
Besonderes: Optimale Stängelpflanze für den Einsteiger, die in nahezu jedem Wasser schnell wächst und sich kinderleicht vermehren lässt.
Ähnlich zu pflegen: *Hygrophila polysperma* ›Rosanervig‹, *Heteranthera zosterifolia*, *Alternanthera sessilis*.

## Kleiner Sumpffreund
*Limnophila sessiliflora* (→ Foto, Seite 21)
Besonders schnell wachsende und daher hervorragend für Neueinrichtungen (→ Seite 41) geeignete Pflanze für den Mittel- und Hintergrund.
Herkunft: Asien
Temperatur: 20 bis 26 °C
Lichtanspruch: hoch
Besonderes: Drängt durch ihr eigenes Wachstum das von Algen stark zurück.
Ähnlich zu pflegen: *Limnophila aquatica*, *Hottonia inflata*.

## Kardinalslobelie
*Lobelia cardinalis* (→ Foto, Seite 21)
Dankbare, nicht ganz so schnell wachsende Aquariumpflanze; bestens geeignet für so genannte Pflanzenstraßen (→ PRAXIS Pflanzenpflege, Seite 58/59).
Herkunft: Nordamerika
Temperatur: 22 bis 26°C
Lichtanspruch: mittel
Besonderes: Über Wasser kultivierte Pflanzen verlieren schnell die kardinalrote Färbung.
Ähnlich zu pflegen: *Ludwigia arcuata*, *Eustralis stellata* (→ Foto, Seite 56).

## Breitblättrige Bastardludwigie
*Ludwigia palustris* x *L. repens*
(→ Foto, Seite 20)
Attraktive, schnell wachsende Pflanze mit rotbraunen Blättern; sollte in kleinen Gruppen im Hinter- oder Mittelgrund gesetzt werden.
Herkunft: USA, Mexiko
Temperatur: 23 bis 28 °C
Lichtanspruch: mittel bis hoch
Besonderes: Die Blattunterseite ist kräftiger rot gefärbt als die Oberseite.
Ähnlich zu pflegen: *Ludwigia glandulosa*, *L. perennis*.

## Rundblättriges Perlenkraut
*Micranthemum umbrosum* (→ Foto, Seite 20)
Extrem kleinblättrige Vordergrundpflanze, die der Zimmerpflanze »Bubikopf« ähnelt.
Herkunft: USA
Temperatur: 20 bis 24 °C
Lichtanspruch: hoch
Besonderes: Bei guter Kohlendioxidversorgung wächst die Pflanze recht schnell und bildet massenhaft Sauerstoffbläschen an ihren Blättern.
Ähnlich zu pflegen: *Glossostigma elatinoides*, *Micranthemum micranthemoides*.

## Rundblättrige Rotala
*Rotala rotundifolia* (→ Foto, Seite 37)
Schnellwüchsige, attraktive Gruppenpflanze für den Mittelgrund; die Blätter färben sich umso roter, je heller die Lichtverhältnisse sind.
Herkunft: Südostasien
Temperatur: 22 bis 28 °C
Lichtanspruch: mittel bis hoch
Besonderes: Wächst in weichem und hartem Wasser.
Ähnlich zu pflegen: *Rotala walichii*, *Mayaca fluviatilis*.

# Aquarienpflanzen auswählen

*Die Wurzeln der Muschelblume bilden im Wasser ein wunderschönes Geflecht.*

## Pflanzen mit besonderen Wuchsformen

Manche Aquarienpflanzen lassen sich nicht in die Gruppen der Stängel- oder Rosettenpflanzen einordnen. Hierzu gehören einige an ganz spezielle Biotope angepasste Farnarten, an der Wasseroberfläche schwimmende Pflanzen und einige höher entwickelte Algen.

### Echter Seeball

*Cladophora aegagropila* (→ Foto, Seite 53)
Zu Kugeln geformte Kolonien einer Algenart, die im Vordergrund platziert sehr dekorativ wirken; pflegeleicht und extrem langsam wachsend.
Herkunft: Osteuropa, Ostasien
Temperatur: 0 bis 24 °C
Lichtanspruch: mittel
Besonderes: Seebälle sind regelrechte biologische Filtereinheiten: Auf und in ihnen lebt eine Unmenge an Kleinorganismen, die wiederum das Wasser reinigen.

### Javafarn

*Microsorum pteropus*
Robuste, eher langsam wachsende Aquarienpflanze, die sich auf den Gischtbereich von Wasserfällen spezialisiert hat; die schwach ausgebildeten Wurzeln können keine Nährstoffe

# Schwimmpflanzen

mehr aufnehmen – sie dienen der Pflanze nur noch zum Festhalten; kann deshalb problemlos auf Wurzeln oder Steine aufgebunden werden (→ Seite 46).
Herkunft: Insel Java, Indonesien
Temperatur: 20 bis 28 °C
Lichtanspruch: gering bis mittel
Besonderes: Eine der wenigen Farnarten unter den Aquarienpflanzen.
Ähnlich zu pflegen: *Bolbitis heudelottii, Microsorum pteropus* ›Windelov‹.

## Muschelblume
*Pistia stratiotes* (→ Foto, Seite 24, 49)
Eine echte Schwimmpflanze, bei der außer den Wurzeln alle Pflanzenteile über die Wasseroberfläche ragen. Besonders attraktiv sind die im Wasser sich entfaltenden, filigranen Wurzelgebilde. Sie sind ein optimales Versteck für Fischbrut und werden von verschiedenen Zierfischarten auch als Laichhilfe benutzt.
Herkunft: überall in den Tropen
Temperatur: 22 bis 30 °C
Lichtanspruch: mittel
Besonderes: Die stark zehrende Pflanze zieht über ihre Wurzeln viel Stickstoff aus dem Wasser und reduziert damit die Gefahr eines übermäßigen Algenwachstums. Je enger die Pflanzen stehen, umso schneller vermehrt sich die Muschelblume.
Ähnlich zu pflegen: *Salvinia auriculata, Limnobium laevigatum.*

## Teichlebermoos
*Riccia fluitans* (→ Foto, Seite 53)
Eine der geheimnisvollsten unter den Aquarienpflanzen: Die winzigen, gabelig verzweigten Gewächse bilden Polster, die in der Regel auf und an der Oberfläche schwimmen. Gelegentlich bilden sie aber auch unter Wasser Polster, wobei die Mechanismen dieses selbstständigen Lebensraumwechsels noch nicht völlig erforscht sind. Im Aquarium zwingt man die Pflanze zu Unterwasserpolstern, indem man sie mit Hilfe von Netzen oder Nylonfäden auf Wurzeln aufbindet. Das Teichlebermoos breitet sich bei gutem Lichtangebot schnell aus.
Herkunft: Kosmopolit
Temperatur: 20 bis 27 °C
Lichtanspruch: hoch
Besonderes: Die treibenden Polster dienen Labyrinthfischen als Ablaichplatz.
Ähnlich zu pflegen: *Vesicularia dubyana.*

*Große Pflanzengruppe der Carolina-Haarnixe (Cabomba caroliniana).*

# 26 PRAXIS PFLANZBEISPIELE

**Gesellschafts-Aquarium (120 x 50 x 50 cm)**
Ein tropisches Gesellschaftsbecken ist eine Zierde für jedes Wohnzimmer. In Farben und Formen kontrastierende Pflanzen werden zu einer natürlich wirkenden Unterwasserlandschaft zusammengefügt, die durch freie Flächen und dekorative Wurzeln oder Steine gegliedert ist. Trotz der üppigen Bepflanzung bleibt den Fischen in allen Bereichen ausreichend Schwimmraum.
Beispielhafte Bepflanzung (50 Einheiten):
✔ Für den Hintergrund:
5 Bund *Vallisneria spiralis*
5 Bund *Cabomba caroliniana*
5 Bund *Hygrophila polysperma*
3 Töpfe *Ceratopteris thalictroides*
3 Bund *Hydrocotyle leucocephala*
✔ Für den Mittelgrund:
1 Topf *Echinodorus cordifolius*
2 Bund *Hygrophila corymbosa*
3 Bund *Rotala rotundifolia*
1 Topf *Nymphaea lotus*
3 Töpfe *Cryptocoryne crispatula* var. *balansae*
1 Topf *Echinodorus bleheri*
✔ Für den Vordergrund:
5 Töpfe *Echinodorus quadricostatus*

*Pflanzplan des links unten beschriebenen, beispielhaften Gesellschafts-Aquariums.*

3 Töpfe *Cryptocoryne wendtii*
2 Töpfe *Cryptocoryne nevillii*
5 Töpfe *Lobelia cardinalis*
3 Töpfe *Anubias barteri* var. *nana*

**»Anfänger«-Aquarium (60 x 30 x 30 cm)**
Die richtige Bepflanzung ist bei einem kleinen Becken besonders wichtig. Denn je kleiner das Volumen, desto stärker schwankt die Wasserqualität. Achten Sie von Anfang an auf einen dichten Bewuchs, mit einem großen Anteil an schnell wachsenden Arten. Damit werden Algenplagen verhindert und eine möglichst gleich bleibende Wasserqualität gewährleistet.
Beispielhafte Bepflanzung (20 Einheiten):
3 Bund *Limnophila sessiliflora*
5 Bund *Vallisneria asiatica*
1 Bund *Ludwigia palustris* x *L. repens*
1 Topf *Echinodorus amazonicus*
2 Töpfe *Cryptocoryne wendtii*
1 Topf *Cryptocoryne* x *willisii*
1 Bund *Alternanthera reineckii* ›Rosablättrig‹
3 Töpfe *Micranthemum umbrosum*
3 Töpfe *Sagittaria subulata*

# Aquarien für spezielle Fischarten

## Schwarmfisch-Aquarium

Ein Aquarium mit ein oder mehreren Gruppen Schwarmfischen wie zum Beispiel Neonsalmlern oder Keilfleckbarben sollte viel freien Schwimmraum bieten – zumindest in der vorderen Beckenhälfte. Höher wachsende Pflanzenarten sind auf den Hintergrund beschränkt.

Hintergrund: Vallisneria spiralis, Alternanthera sessilis, Hydrocotyle leucocephala, Ceratopteris thalictroides, Hygrophila polysperma, Limnophila sessiliflora.
Mittelgrund: Cryptocoryne crispatula var. balansae, C. beckettii, Sagittaria platyphylla, Lobelia cardinalis, Micranthemum umbrosum, Microsorum pteropus.
Vordergrund: Anubias barteri var. nana, Cryptocoryne wendtii, Cladophora aegagropila, Lilaeopsis novaezelindae, Sagittaria subulata.

## Diskus-Aquarium

Da Diskusfische relativ hohe Wassertemperaturen (um die 28 °C) benötigen, ist die dafür geeignete Pflanzenauswahl auf einige Arten beschränkt. Für schattige Plätze sorgen an der Wasseroberfläche treibende Pflanzenteile.

Hintergrund: Hygrophila polysperma, H. salicifolia, Hydrocotyle leucocephala, Vallisneria spiralis, V. asiatica.
Mittelgrund: Echinodorus bleheri, E. martii, E. schlüteri, E. cordifolius, E. amazonicus, E. horizontalis, E. parviflorus, Alternanthera reineckii ›Rosablättrig‹, Mayaca fluviatilis, Hygrophila corymbosa.
Vordergrund: Echinodorus quadricostatus, E. tenellus, E. bolivianus, Sagittaria subulata.

## Barschbecken

Die meisten Buntbarscharten müssen in hartem Wasser gehalten werden und fressen zudem gern den Bewuchs ab. Nur einige wenige Pflanzen können unter solchen Bedingungen gedeihen.

Hintergrund: Anubias congensis, A. lanceolata, Cryptocoryne aponogetifolia, Vallisneria gigantea.
Mittelgrund: Anubias barteri var. barteri, A. gracilis, A. heterophylla, Microsorum pteropus.
Vordergrund: Anubias barteri var. nana, A. afzellii.

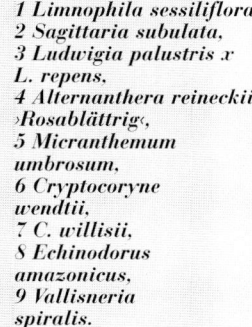

*Anfänger-Aquarium:*
*1 Limnophila sessiliflora,*
*2 Sagittaria subulata,*
*3 Ludwigia palustris x L. repens,*
*4 Alternanthera reineckii ›Rosablättrig‹,*
*5 Micranthemum umbrosum,*
*6 Cryptocoryne wendtii,*
*7 C. willisii,*
*8 Echinodorus amazonicus,*
*9 Vallisneria spiralis.*

# AQUARIENTECHNIK UND WASSERQUALITÄT

*Um Ärger oder unliebsame Überraschungen zu vermeiden und Ihren Schützlingen einen möglichst natürlichen Lebensraum bieten zu können, sollten sich auch reine Pflanzenliebhaber zumindest ein wenig mit Aquarientechnik und Wasserchemie beschäftigen.*

## Der richtige Standort

Die Technik beginnt mit der richtigen Auswahl und Vorbereitung des Standorts:

✔ Das Aquarium sollte niemals direkter Sonneneinstrahlung ausgesetzt werden. Wegen der Gefahr einer Überhitzung darf es auch nicht vor einem Heizkörper aufgestellt werden.

✔ Falls Sie keinen speziellen Aquarienschrank verwenden, müssen Sie das Becken auf eine stabile, absolut ebene Fläche setzen. Die Verwendung von speziellen Aquarienunterlagen aus Moosgummi (aus dem Zoofachhandel) hat sich hier hervorragend bewährt.

✔ Die Anschlüsse für Strom (bei großen Becken mehrere Steckdosen) und auch für Wasser sollten möglichst in unmittelbarer Nähe liegen.

**Vorsicht:** Ein Becken von nur 120 cm Länge wiegt befüllt etwa 300 kg. Das Untergestell und der Boden, auf dem es steht, müssen deshalb außerordentlich stabil sein. In Zweifelsfällen, vor allem in Altbauten, sollten Sie die Tragfähigkeit des Unterbodens von einem Fachmann überprüfen lassen.

*Wunderschöne Unterwasserlandschaft, bei deren Betrachtung man immer wieder neues entdeckt.*

## Vollglasaquarien

Das runde Goldfischglas hat schon lange ausgedient. Aquarien sind heute im Zoofachhandel in nahezu allen Größen und Formen erhältlich. Sie bestehen aus einzelnen, mit Silikon verklebten Kristall- oder Floatglasscheiben.

<u>Sicherheit wird groß geschrieben:</u> Glasaquarien müssen sehr stabil gebaut werden. Die Hersteller sind dabei an eine DIN-Vorschrift gebunden. So muss zum Beispiel für ein 60 cm langes Aquarium 4 bis 5 mm dickes Glas und für ein 120 cm langes Aquarium 8 bis 10 mm dickes Glas verwendet werden. Die statische Belastbarkeit dieser Becken ist etwa fünf Mal höher, als sie wegen des Wasserdrucks nötig wäre.

<u>Komplettsets:</u> Aquarien mit den Standardabmessungen 60 x 30 x 30 cm fassen nur gut 50 Liter Wasser. Sie werden bevorzugt im Rahmen so genannter Komplettsets im Fachhandel angeboten. Dem Anfänger ersparen sie das aufwendige Zusammenstellen der einzelnen Aquarienkomponenten. Eine praktische, günstige Lösung also, der aber leider oft eine Ernüchterung folgt. Denn je kleiner ein Aquarium ist, desto schwankender sind die Wasserwerte und desto ungünstiger die Bedingungen für Pflanzen und Fische (→ Tipp, Seite 35).

# Aquarientechnik und Wasserqualität

> ## TIPP
>
> ### Sicherheit rund ums Aquarium
>
> Wasser und Elektrizität sind eine lebensgefährliche Kombination, und Wasserschäden durch undicht gewordene Aquarien können ein teurer Spaß werden. Versuchen Sie, die Risiken zu minimieren:
> ✔ Kaufen Sie grundsätzlich nur Geräte, die mit einem TÜV- oder VDE-Prüfzeichen versehen sind.
> ✔ Verwenden Sie einen FI-Schutzschalter (erhältlich in Elektro-, aber auch in vielen Zoofachhandlungen), der Sie bei einem doch auftretenden Defekt vor einem Stromschlag schützt.
> ✔ Bei großen Aquarien und höherem Strombedarf für Beleuchtung, Filter und Heizung sollten Sie die einzelnen Geräte auf mehrere Steckdosen verteilen.
> ✔ Ziehen Sie immer den Stecker, bevor Sie an der Aquarientechnik arbeiten.
> ✔ Unterlassen Sie alle Reparaturversuche an den elektrischen Bauteilen dieser Geräte. Hierfür ist der Fachmann zuständig.
> ✔ Lassen Sie das Risiko eines Wasserschadens durch ein undichtes Aquarium in Ihre Hausratversicherung aufnehmen.

Kleine Aquarien sind auch nur vermeintlich weniger pflegeaufwendig. Ihre Wasserqualität muss häufiger kontrolliert werden, da sich viel schneller gefährliche Schieflagen ergeben können. Auch Probleme mit Algen (→ Seite 55), schlechtem Pflanzenwuchs und Fischkrankheiten sind wesentlich häufiger.
Wählen Sie das Becken möglichst groß: Das wohl am meisten verkaufte Standardaquarium hat eine Länge von 100 cm, ist 40 cm breit und 50 cm hoch. Es fasst damit etwa 200 Liter Wasser, ein Volumen, das nicht nur ganz andere Besatz- und Bepflanzungsmöglichkeiten (→ PRAXIS, Seite 26/27) bietet, sondern auch den einen oder anderen Pflegefehler wesentlich leichter verzeiht. Gerade Anfänger sollten also das Becken möglichst groß wählen.
Aquarien in allen Formen: Neben den rechteckigen Standardaquarien gibt es auch sehr dekorative Panoramabecken mit abgewinkelten Frontscheiben, Fünfeck-Aquarien zur optimalen Ausnutzung einer Zimmerecke oder Ausführungen mit nach vorne gewölbter Frontscheibe. Wenn Sie spezielle Wünsche haben, können Sie sich auch ein Aquarium in nahezu jeder Größe nach Maß bauen lassen. Bedenken Sie dabei aber, dass ein bepflanztes Becken maximal 60 cm hoch sein sollte, sonst gestaltet sich die Beleuchtung zu schwierig und die Auswahl der Pflanzen wird deutlich eingeschränkt.

## Aquarienbeleuchtung

Einer der wichtigsten Faktoren für das Pflanzenwachstum ist das Licht, und entsprechend breit ist das Beleuchtungssortiment im Fachhandel. Welche Leuchten für Sie in Frage kommen, hängt auch von dem Aquarientyp ab: Ist das Becken oben offen oder geschlossen? Beide Varianten haben Vor- und Nachteile.
Offene Aquarien besitzen keinerlei Abdeckung und werden in der Regel mit von der Zimmerdecke hängenden Strahlern beleuchtet. Aus dem Wasser ragende oder darauf schwimmende Pflanzenteile sind gut sichtbar, und bei Pflegearbeiten kann leichter im Becken hantiert werden. Doch durch ein offenes Aquarium verdunstet wesentlich mehr Wasser:
✔ An kälteren Außenwänden oder hinter Schränken kann die erhöhte Luftfeuchtigkeit unter Umständen zu Schimmelbildung führen.

# Beleuchtungssysteme

✔ Bei der Verdunstung bleiben die ganzen Mineralien, Abfallstoffe und Härtebildner im Aquarienwasser zurück und reichern sich dort mit der Zeit an. Dem entgegenwirken können Sie nur, wenn Sie ausschließlich mit destilliertem Wasser auffüllen – und das ist ein recht kostspieliges Unterfangen.

Bei geschlossenen Aquarien befindet sich die Beleuchtung in einem auf dem Becken angebrachten Kasten. Diese Aquarienabdeckung besteht in der Regel aus Kunststoffprofilen und -platten und verhindert wirksam das Verdunsten von Wasser. Zudem stellt sie eine optische Abgrenzung der Unterwasserlandschaft dar, die so von innen heraus zu leuchten scheint.

Metalldampf-Leuchten: Hängeleuchten für offene Aquarien werden meist mit Quecksilberdampflampen (HQL) oder Halogenmetalldampflampen (HQI) bestückt. Sie geben ein gebündeltes Licht ins Aquarium ab, das aber immer nur eine sehr begrenzte Fläche ausleuchtet. Als Faustregel gilt: Eine HQL-Lampe reicht für maximal 60 cm Aquarienlänge. Dafür sind Metalldampflampen sehr hell und stellen auch bei extrem hohen Aquarien (über 60 cm Wassertiefe) sicher, dass noch genügend Wachstumslicht bis auf den Grund transportiert wird.

Leuchtstoffröhren: Räumlich besser ausgeleuchtet wird sowohl das offene als auch das geschlossene Aquarium mit Leuchtstoffröhren. Es gibt sie in den verschiedensten Längen und in vielen Leistungsstufen von 4 bis 58 Watt. Damit kann man für nahezu jede Aquariengröße die passende Beleuchtungsstärke zusammenstellen. Wie viel Licht ein Aquarium braucht, darüber streitet sich die Fachwelt. Man sollte als Faustregel eine Beleuchtungsstärke von 0,3 bis 0,5 Watt pro Liter Wasservolumen einplanen. Das reicht den lichthungrigen Pflanzenarten zum zügigen Wachstum und setzt die mehr Schatten liebenden nicht unter Stress.

Licht ist nicht gleich Licht: Leuchtstoffröhren werden in verschiedenen Lichtfarben angeboten. So gibt es zum Beispiel spezielle Ausführungen, die die Farben der Fische besser zur Geltung bringen. Für ein gutes Pflanzenwachstum sollten Sie zumindest teilweise spezielle

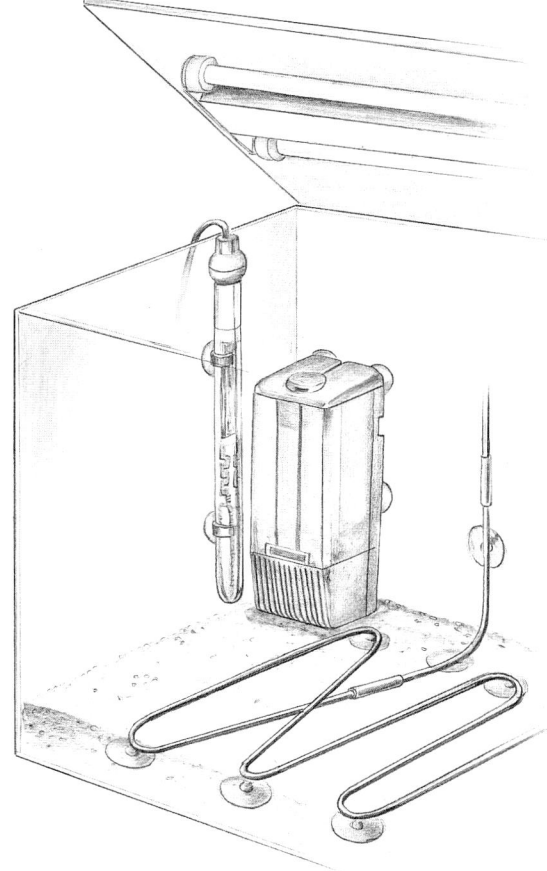

*Neben Beleuchtung, Filter und Wasserheizung ergänzt eine Bodenheizung sinnvoll die Aquarientechnik.*

# Aquarientechnik und Wasserqualität

*Typisches Malawi-Barschbecken mit Lochgestein und darin eingesetzten Speerblättern.*

Pflanzenröhren mit hohem Blau- und Rotlichtanteil verwenden. Wenn Sie diese mit Röhren kombinieren, die dem Spektrum des Sonnenlichtes nachempfunden sind, wirken die Farben besonders natürlich.

Energie sparen: Leuchtstoffröhren strahlen nur sehr wenig Wärme ab. Pro eingesetztem Watt erhält man bei ihnen zum Beispiel etwa 20 Prozent mehr Licht als bei den Quecksilberdampflampen und ein Vielfaches mehr als bei Glühbirnen. Steckt man zudem spezielle Aluminiumreflektoren auf die Röhren, so kann sich die Lichtausbeute noch einmal um bis zu 25 Prozent erhöhen. Energie sparende Leuchtstoffröhren gewähren so einen üppigen Pflanzenwuchs bis zu einem Wasserstand von 60 cm.

Steuerung mit Zeitschaltuhren: In der Regel wird die Aquarienbeleuchtung mit einer Zeitschaltuhr geregelt. Die optimale tägliche Beleuchtungsdauer für Aquarienpflanzen beträgt 10 bis 12 Stunden.

**Vorsicht:** Eine radikale Reduzierung der Beleuchtungszeit beim Auftreten von Algen löst das Problem nicht – im Gegenteil, die höheren Pflanzen werden dadurch in ihrem Wachstum massiv gebremst. Auch Beleuchtungszeiten über 12 Stunden unterstützen fast ausschließlich das Wachstum der unerwünschten Algen.

# Heizsysteme

Dämmerung im Aquarium: Leuchtstoffröhren können auch mit einem speziellen Leuchtbalken und einer dazugehörenden digitalen Steuerung (aus dem Zoofachhandel) langsam auf- bzw. abgedimmt werden. Damit können Sie natürliche Sonnenauf- bzw. -untergänge sowie schwaches Mondlicht simulieren. Auf dem Weg zu möglichst naturnahen Verhältnissen im Aquarium ist das ein großer Schritt voran. Ihren Pflanzen gibt eine solche sanfte Lichtsteuerung die Zeit, die diese benötigen, um vom Nacht- auf den Tagesstoffwechsel umzuschalten und umgekehrt. Für Sie als Betrachter eröffnen die Phasen mit schwacher Beleuchtung eine ganz neue Aquarienwelt.

## Heizsysteme

Zur Heizung von Warmwasseraquarien gibt es mehrere Möglichkeiten.

Stabheizer sind elektrische Heizspulen in stabilen Glaskolben, die mit Saugnäpfen innen an der Rückwand des Beckens befestigt werden. Sie verfügen über einen eingebauten Thermostat, über den man die gewünschte Temperatur einstellen kann. Wie stark ein Stabheizer sein muss, hängt vom Wasservolumen und der Umgebungstemperatur ab. Für ein im Wohnbereich stehendes Aquarium rechnet man etwa 1 Watt Leistung pro 1 Liter Aquarienwasser.

Thermofilter haben in ihrem Filterbehälter eine elektrische Heizung eingebaut, die wie ein Durchlauferhitzer wirkt. Auch hier wird über einen Thermostat die Wassertemperatur geregelt.

Bodenheizungen: Zusätzlich zur Temperierung des freien Aquarienwassers mittels Stabheizer oder Thermofilter hat es sich als vorteilhaft erwiesen, auch den Bodengrund zu heizen. Man verwendet dazu elektrische Heizschlangen, die mit Hilfe von speziellen Klipsen und Saugern am Glas des Aquarienbodens befestigt und vollständig mit Kies oder Sand bedeckt werden.

**Wichtig:** Mit einer Bodenheizung allein kann nur in den seltensten Fällen (hohe Raumtemperatur, viel Wärme abstrahlende Lichtquellen) ein Aquarium beheizt werden. Der Bodengrund soll nämlich maximal 1 bis 2 °C wärmer sein als das freie Aquarienwasser. Eine stärkere Aufheizung schädigt das Pflanzenwachstum.

Moderne Aquarienheizsysteme erfassen die Wasser- und die Bodenwärme und stellen ein optimales Temperaturgefüge im Aquarium ein. Bei einem tropischen Gesellschaftsbecken sollte die Wassertemperatur auf ca. 26 °C eingestellt werden (Sonderformen nicht berücksichtigt). Die optimale Bodengrundtemperatur würde dann 27 °C betragen. Die Temperaturdifferenz im Aquarium regt eine schwache Durchströmung des Bodengrundes an, weshalb man bei der Bodenheizung auch von einem »Bodenfluter« spricht (→ Zeichnung, Seite 34).

*Cardamine lyrata wirkt durch ihre tellerartigen Blätter auf den dünnen Blattstielen.*

# 34 Aquarientechnik und Wasserqualität

Nächtliche Temperaturabsenkung: Die Temperatur ist einer der wichtigsten Klimafaktoren im Aquarium. Fische, Mikroorganismen, aber auch die Pflanzen veratmen umso mehr Sauerstoff, je wärmer Wasser und Bodengrund sind. Deshalb sollten nachts, während die Pflanzen keine Photosynthese betreiben und so auch keinen Sauerstoff produzieren, die Temperaturen etwas abgesenkt werden, wie dies auch in der Natur die Regel ist. Diese Nachtabsenkung führt zu einem kompakteren Pflanzenwuchs, und viele Zierfischzüchter behaupten, dass sie auch Fische weniger krankheitsanfällig macht.

## Filterung

In allen Süßwasseraquarien werden Zierfische um ein Vielfaches dichter gehalten, als sie in natürlichen Gewässern vorkommen. Würden Sie sich an die Vorgaben der Natur halten, so dürften Sie in ein 100-Liter-Becken maximal ein oder zwei Fische einsetzen. In der Praxis wird dies jedoch kaum einem Aquarianer genügen. Die Ausscheidungen der vielen Fische belasten jedoch das Wasser und müssen durch den Einsatz von Filtern wieder entfernt werden.

Filtersysteme:

✔ Innenfilter werden im Inneren des Aquariums betrieben und meist mit Saugnäpfen an der Beckenscheibe befestigt. Sie sind einfach zu installieren und es müssen keine Anschlussschläuche verlegt werden. Auf Grund ihres relativ kleinen Filtervolumens werden sie in der Regel nur für Aquarien bis 200 Liter eingesetzt.

✔ Außenfilter überzeugen durch ein deutlich größeres Filtervolumen und die damit verbundene längere Standzeit (der Zeitraum zwischen zwei Filterreinigungen), sowie eine höhere Flexibilität bezüglich der Filtermedien.

**Wichtig:** Bei der Auswahl des Filters sollten Sie sich im Fachhandel ausführlich beraten lassen. Grundsätzlich gilt: Das Filtervolumen kann gar nicht zu groß sein. Wichtig ist jedoch, dass die Förderleistung der Filterpumpe der Größe des Aquariums angemessen ist, so dass eine Strömung das gesamte Becken durchzieht.

Filterstufen: Bei der Filterung selbst werden zwei Stufen unterschieden.

✔ Mechanische Filterung: Schmutzpartikel bleiben in Materialien wie Schaumstoff, Vlies oder Watte hängen.

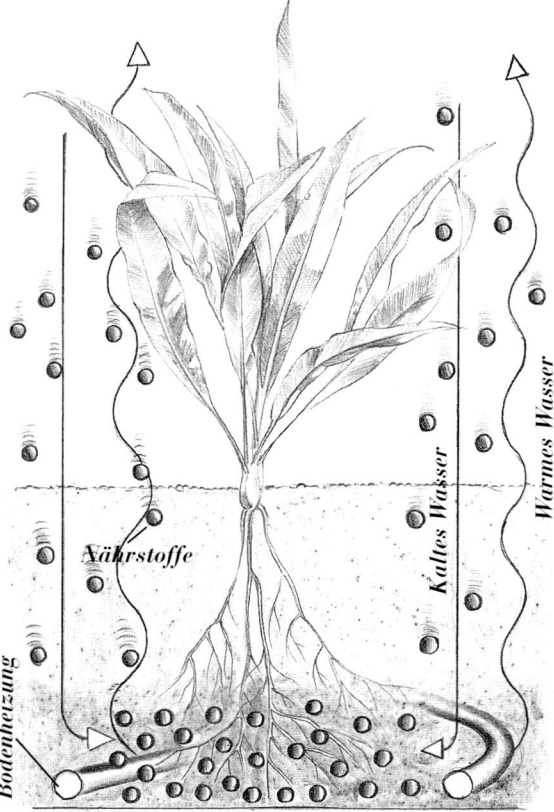

*Die Temperaturdifferenz zwischen dem beheizten Boden und dem Wasser sorgt für ein Einsickern von Nährstoffen in den Boden.*

# Kohlendioxid-Düngung

✔ Biologische Filterung: Schadstoffe werden durch Bakterien, die sich in den Filtermaterialien ansiedeln, in unschädliche Verbindungen umgewandelt (→ Zeichnung, Seite 38).
Spezielle Filtermaterialien können in Außenfiltern zum Einsatz kommen:
✔ Aktivkohle adsorbiert Schadstoffe.
✔ Spezielle Austauscherharze entfernen auf chemisch-physikalischem Weg gelöste Stoffe.
✔ Torfgranulate wirken mechanisch und biologisch filternd und zudem pH-Wert senkend.

## Kohlendioxid-Düngung

Bezogen auf ihre Trockenmasse bestehen Pflanzen zu mehr als 40 Prozent aus Kohlenstoff, und die einzige Form, in der sie dieses Element aufnehmen können, ist Kohlendioxid ($CO_2$). Neben Licht, Temperatur und Nährstoffangebot ist der Gehalt an im Wasser gelöstem Kohlendioxid deshalb der vierte wichtige Klimafaktor für ein gutes Pflanzenwachstum.
Ohne Kohlendioxid kein Pflanzenwachstum: Die Aufnahme von Kohlendioxid geschieht im Rahmen der so genannten Photosynthese – ein hoch komplizierter Prozess, bei dem sich Pflanzen die Energie des Lichtes nutzbar machen, um Kohlendioxid und Wasser in Sauerstoff und Kohlenhydrate umzuwandeln. Diese Kohlenhydrate werden gespeichert oder zum Aufbau des Pflanzenkörpers verwendet. Der Sauerstoff wird an das Wasser abgegeben und steht dort allen Lebewesen zur Atmung zur Verfügung.
Pro und contra Kohlendioxid-Düngung:
Bleibt die Frage, ob für ein üppiges Pflanzenwachstum im Wasser genügend Kohlendioxid vorhanden ist, oder ob man damit nachdüngen muss. In der Aquaristik gibt es wohl kein umstritteneres Thema.
✔ Für eine zusätzliche Düngung mit Kohlendioxid spricht die bessere Versorgung der Pflanzen mit Kohlenstoff und die Möglichkeit, über die Zugabe von Kohlendioxid den pH-Wert des Wassers einstellen zu können (→ Seite 37).
✔ Gegner der Kohlendioxid-Düngung argumentieren, dass durch Gasaustausch an der Wasseroberfläche und vor allem durch die Atmungsaktivitäten von Fischen, Pflanzen und Mikroorganismen ständig mehr als genug Kohlendioxid anfällt.

---

**TIPP**

### Konstante Klimabedingungen

Selten werden im Aquarium alle Klimafaktoren optimal sein, denn zu komplex sind die Zusammenhänge und zu unterschiedlich die Ansprüche der einzelnen Lebewesen. Doch auch in vermeintlich ungünstigeren Verhältnissen können Aquarienpflanzen prächtig wachsen. Das Geheimnis liegt in der Konstanz der Klimafaktoren.
Anpassung braucht Zeit: Geben Sie Ihren Pflanzen genügend Zeit, sich an die Licht-, Temperatur- und Wasserqualität, die Sie ihnen bieten können, zu gewöhnen. Feilen Sie nicht ständig an den verschiedenen Klimafaktoren herum – die meisten Pflanzen sind sehr anpassungsfähig, wenn man sie nur lässt.
Konstanz ist auch eine Frage der Größe: Je kleiner ein Aquarium ist, desto stärker schwanken die Wasserwerte und desto schlechter sind die Lebensbedingungen für Fische und Pflanzen. Ein als »Anfänger«-Aquarium verkauftes 60-Liter-Becken über längere Zeit biologisch stabil zu halten ist auch für einen erfahrenen Aquarianer eine Herausforderung. Wählen Sie deshalb das Becken lieber zu groß als zu klein.

# Aquarientechnik und Wasserqualität

In der Praxis müssen wohl immer die speziellen Verhältnisse in einem Aquarium betrachtet werden. Doch generell kann man sagen: Je dichter die Bepflanzung, desto sinnvoller ist eine Düngung mit Kohlendioxid, da dem Wasser mehr davon entzogen wird als durch Atmung und Gasaustausch frei wird. Dies wird erkennbar durch den Anstieg des pH-Werts über 8,0 oder durch das Auftreten von Kalkablagerungen auf den Blättern (→ Seite 38).
Apparaturen zur Kohlendioxid-Düngung: Im Fachhandel stehen verschiedene Düngesysteme zur Verfügung. In der Regel bestehen sie aus einer Kohlendioxid-Gasflasche mit Druckminderer, einem Nadelventil zum Dosieren der Durchflussmenge und einem im Aquarium eingebauten Reaktor, in dem sich das Gas im Wasser löst. Aufwendige und entsprechend teure Apparaturen verfügen über komfortable Steuermechanismen, die die Überwachung der Kohlendioxid-Zugabe ins Aquarienwasser erleichtern.

## Die Wasserqualität im Aquarium

Die Qualität des Aquarienwassers für die Pflanzen und Fische hängt vor allem von dem Vorhandensein gelöster Stoffe ab, die in mannigfaltigen Wechselbeziehungen zueinander stehen. Um zu bestimmen, in welcher Konzentration die einzelnen Stoffe vorhanden sind, bietet der Zoofachhandel entsprechende Messbestecke oder Testsets an – von komfortablen, aber teuren elektrischen Messgeräten über kleine Chemiekästen mit verschiedenen Reagenzien bis zu Teststreifen, die nur kurz ins Wasser getaucht werden müssen und dann eine charakteristische Färbung annehmen. Viele Geschäfte bieten auch die Durchführung umfangreicher Wasseranalysen an.

### Karbonathärte, pH-Wert und Kohlendioxid

Diese drei Wasserwerte stehen in direkter, wechselseitiger Beziehung zueinander.
Der Kohlendioxid-Gehalt beeinflusst den pH-Wert: In Wasser gelöstes, freies Kohlendioxid wirkt schwach sauer (Kohlensäure) und senkt den pH-Wert – je mehr davon gelöst ist, desto saurer wird auch das Wasser. Wie viel freies Kohlendioxid in Ihrem Aquarium vorhanden ist, hängt im Wesentlichen von drei Faktoren ab:
✔ Durch sämtliche Atmungsprozesse wird Kohlendioxid im Wasser frei.
✔ Wachsende Pflanzen andererseits nehmen Kohlendioxid auf und binden es dadurch.
✔ Ebenso Kohlendioxid bindend wirkt die Kar-

*Die dunkelgrüne Blattfarbe des Afrikanischen Speerblatts steht im Kontrast zum Braun der Wurzel.*

## Den pH-Wert optimieren

Foto links: *Sumatrafarn, Ceratopteris thalictroides.*
Foto rechts: *Rundblättrige Rotala, Rotala rotundifolia.*

bonathärte des Wassers (gemessen in Grad deutscher Karbonathärte °dKH). Je höher dieser Wert, desto geringer ist der Gehalt an freiem Kohlendioxid und desto höher ist der pH-Wert.

Gutes Pflanzenklima: Für optimalen Pflanzenwuchs sollten Sie in Ihrem Aquarium einen pH-Wert zwischen 6,5 und 7,5 bei einer Karbonathärte zwischen 6 und 10°dKH anstreben.

✔ Steigt der pH-Wert auf höhere Werte, liegen die meisten Nährstoffe in unlöslichen Verbindungen vor. Das wirkt sich besonders bei Spurenelementen aus (→ Seite 39). Sie sind dann zwar in ausreichenden Mengen vorhanden, können aber von den Pflanzen nicht mehr aufgenommen werden. Man spricht von einer Festlegung der Nährstoffe.

✔ Eine zu hohe Karbonathärte erschwert den Pflanzen auch ganz direkt das Wachstum, da unter solchen Bedingungen nur noch wenig freies Kohlendioxid für die Photosynthese zur Verfügung steht.

Den pH-Wert beeinflussen: Probleme ergeben sich im Aquarium meist durch zu hartes Wasser und die damit verbundenen hohen pH-Werte. Einen ungünstigen pH-Wert müssen Sie nicht als gegeben hinnehmen:

# Aquarientechnik und Wasserqualität

✔ Durch die Senkung der Karbonathärte (zum Beispiel durch Beimischung von weichem Wasser oder die Anwendung von pH-Wert-senkenden Präparaten aus dem Fachhandel) wird Kohlendioxid frei und der pH-Wert sinkt.
✔ Durch Kohlendioxid-Düngung sinkt ebenfalls der pH-Wert.

**Hinweis:** Einige Pflanzenarten (z. B. der Gattungen *Vallisneria* und *Elodea*) sind in der Lage, Kohlendioxid aus den Hydrogenkarbonaten zu lösen. Als Folge davon bildet sich auf den Blättern eine harte, durchsichtige Kalkkruste, auf der sich dann gerne spezielle Algen ansiedeln. In diesem Fall sollten Sie schnellstmöglich die Wasserqualität überprüfen und für Abhilfe sorgen (→ Seite 55).

## Stickstoffverbindungen

Durch Stoffwechselprodukte und Futterreste wird das Wasser mit Stickstoffverbindungen belastet. Dabei kann es sich um starke Gifte oder Pflanzennährstoffe handeln.

<u>Ammonium und Ammoniak:</u> Ammonium ($NH_4^+$) ist neben Nitrat die Verbindung, in der Pflanzen Stickstoff aufnehmen können. Bestimmte Mikroorganismen wandeln das Ammonium über Nitrit in Nitrat um. Ein hoher Ammonium-Gehalt des Wassers erscheint zunächst unproblematisch. Doch mit steigendem pH-Wert verwandelt sich das Ammonium zunehmend in extrem fischgiftigen Ammoniak ($NH_3$). Bei über 0,1 mg/l Ammonium und einem gleichzeitigen pH-Wert über 7,5 müssen Sie einen sofortigen Wasserwechsel durchführen. Besonders groß ist diese Gefahr im frisch angelegten Aquarium. Sobald es eingefahren ist, kommen hohe Ammonium-Gehalte praktisch nicht mehr vor.

<u>Auch Nitrit</u> ($NO_2^+$) ist sehr giftig für Fische und sollte im Aquarium nicht nachweisbar sein. Es entsteht in der Regel nur als kurzzeitige Zwischenstufe beim Umbau von Ammonium in Nitrat (→ Abbildung links). Die Bakterien, die das bewerkstelligen, sind im Filter und im Bodengrund konzentriert.

<u>Nitrat</u> ($NO_3^+$) steht am Ende des Stickstoffabbaus. Die Pflanzen

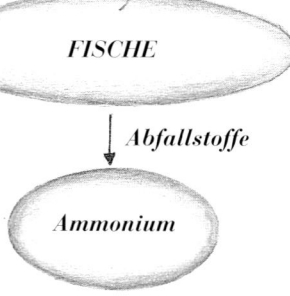

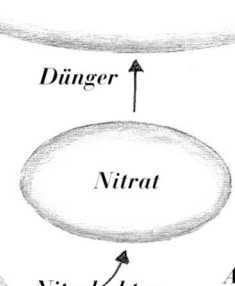

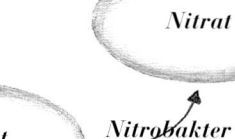

*Am Stickstoffkreislauf sind Fische, Bakterien und Pflanzen beteiligt.*

nehmen diesen wichtigsten Nährstoff über Blatt und Wurzel auf und entlasten dadurch das Wasser – neben der Produktion von Sauerstoff ihre wichtigste Aufgabe im Aquarium.

## Phosphat

Phosphor in Form von Phosphat ($PO_4^{3+}$) ist ein weiterer Hauptnährstoff für alle Pflanzen. Normalerweise ist er in den Aquarien reichlich vorhanden. Manchmal sogar zu reichlich, was zu Algenausbreitung und unspezifischen Wachstumsstörungen führen kann. Einen hohen Phosphatgehalt von über 2mg/l erhält man bei zu reichlicher Fütterung oder bei größeren Mengen abgestorbener Biomasse, wie sie nach dem Einsatz eines Schneckenmittels (→ Seite 56) entstehen. Auch wenn eine Bodenheizung zu hoch gefahren wurde und ein Großteil der Pflanzenwurzeln dadurch abgestorben sind, fällt im Aquarium reichlich Phosphat an.

## Kalium, Magnesium, Kalzium

Auch diese drei Mineralien zählen zu den Hauptnährstoffen. Während Magnesium und Kalzium in den meisten Aquarien ausreichend vorhanden sind, fehlt es oft an Kalium. Kalium ist für die Gewebefestigkeit und das Wurzelwachstum entscheidend – einen Mangel erkennt man am schlaffen Allgemeinzustand der Pflanzen. Abhilfe schaffen spezielle Kaliumdünger aus dem Zoofachhandel, die regelmäßig verabreicht werden müssen.

## Spurenelemente

Eine Reihe von Nährstoffen sind zwar entscheidend für das Gedeihen von Pflanzen, sie werden aber nur in geringsten Mengen benötigt. Dazu gehören zum Beispiel Eisen oder Mangan. Ein Mangel tritt in einem eingefahrenen Aquarium mit nicht zu hohem pH-Wert eher selten auf (→ Düngung, Seite 51).

## VERSORGUNG IM URLAUB

*Für die Aquarienpflanzen selbst müssen keine besonderen Vorsorgemaßnahmen getroffen werden. Vermeiden Sie eine übertriebene Vorratsdüngung und verschieben Sie die Pflanzen betreffende Pflegemaßnahmen auf die Zeit nach Ihrem Urlaub. Bedenken Sie ansonsten Folgendes:*

✔ *Kontrollieren Sie, ob alle technischen Einrichtungen einwandfrei funktionieren.*

✔ *Reinigen Sie Ihre Filter etwa eine Woche vor Urlaubsantritt und führen Sie noch einmal einen kräftigen Wasserwechsel durch (etwa ein Drittel des Wassers).*

✔ *Je nach Fischbesatz und Dauer des Urlaubsaufenthalts ist der Einsatz eines Futterautomaten sinnvoll. Testen Sie dieses Gerät vorher aber unbedingt einige Zeit, um die richtige tägliche Futtermenge zu ermitteln.*

✔ *Falls Sie die Fütterung Ihrer Fische einem Dritten überlassen wollen, sollten Sie ihm genaueste Anweisungen geben. Versuchen Sie, die in solchen Fällen häufige, gut gemeinte Mast Ihrer Fische und die damit verbundene Belastung des Wassers mit Abfallprodukten zu verhindern.*

# AQUARIEN EINRICHTEN UND BEPFLANZEN

*Welcher Aquarianer wünscht sich nicht einen üppigen Unterwasserdschungel als Lebensraum für seine Zierfische und als Schmuckstück für sein Wohnzimmer. Bei der Neueinrichtung eines Aquariums und der Gestaltung des Lebensraums sind Ihrer Fantasie kaum Grenzen gesetzt.*

## Der richtige Bodengrund

Der Aufbau des Bodengrunds ist für das langfristig gute Wachstum der Pflanzen und damit auch für das spätere Funktionieren des Aquariums von entscheidender Bedeutung.

Die richtige Körnung: Viele Aquarianer verwenden entweder sehr groben oder ganz feinen Kies. Doch in solchen Materialien kann sich kein gesundes Bodenklima entwickeln – die eingesetzten Pflanzen kümmern häufig oder sterben sogar ganz ab. Der optimale Kies hat eine Körnung zwischen 2 und 4 mm.

Den richtigen Bodengrund einbringen:

✔ Als Pflanzenfreund sollten Sie eine Bodenheizung (→ Seite 33) in Erwägung ziehen, die ein besonders gutes Wachstumsklima erzeugt. Sie wird direkt auf den Beckenboden verlegt.

✔ Darauf folgt die Ernährungsschicht: Sie ist 1 bis 2 cm dick und besteht aus Aquarienkies, der mit einem speziellen Bodengrundsubstrat (aus dem Zoofachhandel) vermengt wird. Diese Mischungen haben einen hohen Gehalt an Tonmineralien, die in der Lage sind, Pflanzennährstoffe zu binden und damit gleichsam einzulagern, ohne dass sie das Wasser weiter belasten. Die Aquarienpflanzen können dann bei Bedarf auf dieses Nährstoffdepot zurückgreifen.

✔ Zum Schluss kommt die Deckschicht aus mindestens 4 cm gewaschenem Kies.

Aufgaben des Bodengrunds: Ernährungs- und Deckschicht bilden zusammen den Bodengrundaufbau von mindestens 6 cm, besser 8 cm Dicke. Er ist zum einen Lebensraum für Mikroorganismen, die Abfallstoffe im Aquarium abbauen und damit das Wasser entgiften. Zum anderen stellt er ein Nährstoffdepot für die Aquarienpflanzen dar, das für die im Wasser lebenden Algen nicht erreichbar ist.

Bodengrundgestaltung: Der Grund Ihres Aquariums muss nicht eben sein. Falls Sie die Tiefenwirkung Ihres Beckens erhöhen wollen, empfiehlt es sich, die Deckschicht von der Front- zur Rückseite hin etwas ansteigen zu lassen. Sie können auch richtiggehende Terrassen einbauen (→ Zeichnung, Seite 43), die das Aquarium auf interessante Art gliedern und verschiedene Pflanzebenen schaffen.

*Den Reiz dieser Bepflanzung mit Wasserkelchen machen die unterschiedlichen Färbungen und Wuchsformen der Arten aus.*

# Das Aquarium einrichten und bepflanzen

> ### TIPP
>
> **Erst planen, dann pflanzen**
>
> Vor der Einrichtung und Bepflanzung eines Beckens sollten Sie sich zunächst einmal über den Aquarientyp klar werden: Kann die Einrichtung nur nach optischen Gesichtspunkten gestaltet werden, oder müssen Rücksichten auf Fischarten genommen werden? Haben Sie die grundsätzliche Ausrichtung entschieden, empfiehlt es sich, einen Bepflanzungsplan aufzuzeichnen (→ PRAXIS Pflanzbeispiele, Seite 26/27).
> ✔ Skizzieren Sie Ihr Aquarium maßstabgetreu und legen Sie Bereiche für Dekomaterialien (Wurzeln oder Steine) fest.
> ✔ Planen Sie den Bewuchs nach Ihrem Geschmack oder den Vorgaben der ausgewählten Zierfischarten und tragen Sie die ausgewählten Pflanzen in Ihre Skizze ein.
> **Hinweis:** Falls Sie eine Art nicht bei Ihrem Händler finden, sollten Sie auf eine der im Porträtteil (→ Seite 13-25) erwähnten »ähnlichen Pflanzen« zurückgreifen.

## Dekorationsmaterialien

Der nächste Schritt zur Einrichtung Ihres Aquariums ist die Installation der Filteranlage und der Wasserheizung (Achtung: Nur installieren – noch nicht anschließen!). Dann können Sie Ihre Dekorationsmaterialien einbringen, um dem Aquarium eine grobe Struktur zu verleihen und eventuell auch, um damit den Wasserheizer oder den Filtereinlauf zu verdecken.

Wurzeln: Achten Sie auf speziell für das Aquarium geeignete Wurzeln aus Mangroven-, Savannen- oder Eisenholz. Äste und Wurzelteile aus dem Wald sind dagegen ungeeignet. Sie würden bald faulen und das Wasser belasten.

Gesteine: Im Fachhandel steht Ihnen eine große Vielfalt an Gesteinen zur Verfügung, die je nach Form und Farbe unterschiedlichste Stimmungen erzeugen. Nur in den seltensten Fällen macht es Sinn, mehrere Gesteinsarten – ebenso wie unterschiedliche Wurzelarten – in einem Aquarium zu mischen. Viel von der optischen Wirkung ginge dabei verloren.

**Vorsicht:** Bei selbst gesammelten Steinen besteht die Gefahr, dass sie giftige Metalleinschlüsse enthalten, die Fische schädigen könnten. Kalksteine sind nur für den Einsatz in Barschbecken geeignet, da sie den pH-Wert des Wassers erhöhen.

Aquarienhintergrund: Vergessen Sie nicht, sich frühzeitig bezüglich des Aquarienhintergrundes Gedanken zu machen. Dabei sollten Sie aber nicht auf die dekorative Wirkung einer mit Unterwassermotiven bedruckten Folie setzen – sie wirkt hinter den echten Pflanzen immer unnatürlich. Nutzen Sie vielmehr die Möglichkeiten der Hintergrundbepflanzung (→ *Vallisneria spiralis*, Seite 18) und hoch aufragender Dekorationsmaterialien wie Wurzeln.

Nur wenn das Aquarium vor einem hellen Hintergrund steht oder Licht von hinten in das Becken einfällt, ist die Verwendung einer schwarzen Folie ratsam. Sie wird auf die Außenseite der rückwärtigen Glasscheibe aufgeklebt.

## Die Bepflanzung planen

Sind Sie mit der Gruppierung der Dekorationsmaterialien zufrieden? Dann können Sie endlich an das Einpflanzen gehen. Aber wo bleibt das Wasser, werden Sie sich fragen. Das kommt später, denn viele Aquarienpflanzen lassen sich vor dem Befüllen des Aquariums viel leichter einsetzen als nachher.

# Die Bepflanzung planen

Sich einen Überblick verschaffen: Breiten Sie Ihr Pflanzensortiment zuerst einmal auf einem Tisch oder in einer großen Schale aus. Sortieren Sie die Arten dabei nach dem späteren Standort in Ihrem Aquarium (→ Pflanzen im Porträt, Seite 13-25).

✔ In den Vordergrund kommen die niedrig bleibenden Gewächse.

✔ Typische Mittelgrundpflanzen wachsen buschig oder müssen durch späteren Rückschnitt in der Höhe angepasst werden.

✔ Klassische Hintergrundpflanzen sind hoch, aber nicht sehr ausladend wachsende Arten. Simulieren Sie bei dieser Sortierung Ihre spätere Bepflanzung auf einer dem Beckenboden entsprechenden Fläche. Nur Profis können ein Aquarium »aus dem Bauch heraus« bepflanzen.

Mit Pflanzen das Aquarium gestalten:
In natürlicher Umgebung kommen gerade Linien oder akkurate Alleen mit gleichen Abständen eigentlich nicht vor. Ein natürliches Landschaftsidyll wirkt durch seine Kontraste – durch das Zusammenspiel verschiedenster Formen und Farben.

✔ Grundsätzlich sollten die Pflanzenarten in ihrer Wuchshöhe variieren.

✔ Umrahmen Sie spärlich bewachsene Bereiche mit üppigem Bewuchs.

✔ Einzelne nicht bepflanzte Freiräume führen das Auge des Betrachters in die Tiefe des Aquariums.

✔ Niedrige rundblättrige Pflanzen wirken sehr gut vor hohen schmalblättrigen.

✔ Setzen Sie fein gefiederte Arten vor solche mit breiten Blättern.

✔ Eine Gruppe Stängelpflanzen mit rotem Laub bildet einen besonders reizvollen Kontrast zu dunkelgrünen Arten.

Hinweis: Setzen Sie nie eine dominante Pflanze genau in die Mitte des Beckens – das Aquarium würde dadurch optisch in zwei kleinere Teile zerfallen.

Biotop-Aquarien: Im tropischen Gesellschafts-Aquarium können Sie Ihrer Kreativität freien Lauf lassen. Strenger sind die Regeln, wenn es um die Nachbildungen der Heimatgewässer bestimmter Fischarten geht – bei den so genannten Biotop-Aquarien, wie zum Beispiel der Nachbildung eines südostasiatischen Flusswassers. Hier kann es Sinn machen, zu Gunsten der Naturtreue auf eine Vielfalt an Formen und Farben zu verzichten und nur Pflanzen einer bestimmten Herkunft zu wählen (→ Pflanzen im Porträt, Seite 13-25).

*Terrassenaufbauten ermöglichen eine Bepflanzung in mehreren Ebenen.*

## Das Aquarium einrichten und bepflanzen

### Die Pflanzen vorbereiten

✔ Schneiden Sie eventuell noch vorhandene verletzte Pflanzenteile sowie braune Blätter oder abgestorbene, braunschwarze Wurzeln mit einer scharfen Schere vorsichtig ab.

✔ Entfernen Sie bei gebündelten Pflanzen das Bleiband und den Schaumstoff. Solche Arten sollten immer einzeln gepflanzt werden.

✔ Stängelpflanzen sollten – ähnlich wie Schnittblumen – noch einmal angeschnitten werden. Dadurch werden ihre Leitungsbahnen wieder geöffnet, die Pflanzen bilden schneller Wurzeln und die Gefahr des Abfaulens wird geringer. Schneiden Sie den Stiel mit einem scharfen Messer möglichst weit unten ab – auf jeden Fall aber oberhalb eventueller Quetschungen.

✔ Bei in Gittertöpfen kultivierten Pflanzen sollten Sie den Plastiktopf nur entfernen, wenn er nicht stark durchwurzelt ist (→ PRAXIS, Seite 46/47). Besitzt eine Pflanze ausgesprochen lange und kräftige Wurzeln, so müssen diese bis zu einer maximalen Länge von 5 cm abgerissen werden. Verwenden Sie für diese Arbeit kein Messer, sondern reißen Sie die Wurzeln wirklich von Hand ab: An den unregelmäßigen Abrissstellen bildet sich viel schneller ein so genanntes Wundgewebe, an dem die Pflanze in kürzester Zeit neue Wurzeln treibt.

**Wichtig:** Achten Sie bei all den vorbereitenden Arbeiten darauf, dass Ihre Aquarienpflanzen nicht austrocknen können. Decken Sie sie eventuell zwischenzeitlich mit einer Folie ab, oder besprühen Sie sie mit einem Zerstäuber.

### Die Pflanzen einsetzen

Nun können Sie endlich mit dem eigentlichen Bepflanzen beginnen. Zur Erinnerung: Ihr Aquarium ist noch immer nicht mit Wasser befüllt. In diesem trockenen Zustand sollte ein Großteil der Arten gesetzt werden. Eine Ausnahme bilden sehr weiche Stängelpflanzen oder lange und fragile Hintergrundpflanzen wie die *Vallisneria*-Arten (→ Seite 18). Sie werden später ins teilbefüllte Becken gesetzt.

<u>Richtig pflanzen:</u> Grundsätzlich beginnt man mit dem Einsetzen der größeren Pflanzen oder der Arten, die von dem zu erwartenden Bewuchs den meisten Platz benötigen werden. Danach gruppiert man die mittelgroßen Pflanzen und zum Schluss die kleineren. Jetzt zeigt sich auch, wie einfach das Einpflanzen im nur leicht feuchten Aquarienkies ist. Graben Sie ein Loch, setzen Sie die Pflanze mit dem Wurzelballen oder dem Stängel hinein und drücken Sie den Aquarienkies sanft an. Beachten Sie dabei: Wurzeln und Stängel sollten möglichst senkrecht im Bodengrund verankert werden.

*Echinodorus horizontalis benötigt nicht ganz so viel Platz wie andere Froschlöffel-Arten.*

# Pflanzen vorbereiten und einsetzen

*Stimmungsvolle Einrichtung getragen von unterschiedlichen Wuchsformen.*

Abgewinkelte Bereiche sterben in der Regel ab, wodurch ein Fäulnisherd entstehen kann.

Das erste Wasser: Wenn alle robusteren Arten eingesetzt sind, ist es endlich so weit: Füllen Sie das Aquarium bis zu etwa drei Viertel seiner Höhe mit temperiertem Wasser (ca. 20 °C) auf. Achten Sie darauf, dass der Bodengrund nicht aufgeschlämmt wird. Stellen Sie dazu am besten eine Schale oder einen Teller ins Aquarium und leiten Sie den Wasserstrom darüber.

Der letzte Schliff: Im Wasser entfalten sich die Pflanzen. Jetzt können Sie entscheiden, wohin die bisher zurückbehaltenen Arten am besten gesetzt werden. Zum Pflanzen im befüllten Aquarium verwenden Sie am besten eine lange Pinzette (→ PRAXIS, Seite 46/47). Betrachten Sie die ganze Einrichtung auch immer wieder kritisch aus der Distanz. Dabei werden Sie wohl noch den einen oder anderen Bereich erkennen, dessen Bepflanzung Sie mit wenigen Handgriffen optimieren können.

Inbetriebnahme: Wenn Sie mit der Einrichtung zufrieden sind, können Sie das Becken ganz mit Wasser auffüllen. Nehmen Sie dann Aquarienfilter, Beleuchtung und Wasserheizung in Betrieb. Das fertige Aquarium muss nun noch ein bis zwei Wochen »einlaufen«, damit sich ein gesundes Wasserklima bilden kann. Erst dann können die ersten Fische eingesetzt werden. Diese Einlaufzeit kann durch Verwendung von Filterstartern (aus dem Zoofachhandel) auf zwei bis drei Tage verkürzt werden.

# PRAXIS BEPFLANZEN

**Javafarne aufbinden**
Javafarne (→ Seite 24) wachsen in ihrer Heimat im Gischtbereich von Wasserfällen. Sie decken ihren Nährstoffbedarf ausschließlich über ihre Blätter – ihre Wurzeln sind zu reinen Haftorganen umgewandelt. Diese Eigenschaft kann man sich bei der Einrichtung von Aquarien zu Nutze machen, indem man Javafarne auf Dekowurzeln oder Steine aufbindet.
Verwenden Sie zum Aufbinden entweder einen Nylonfaden (im Aquarium unsichtbar) oder ganz normale Gummiringe. Befestigen Sie damit einen Teil der schwarzen Wurzelausläufer der Pflanze, die so genannten Rhizome, an der Dekowurzel. Nach einigen Wochen, wenn der Javafarn festgewachsen ist, können die Fäden wieder entfernt werden.

**Töpfe entfernen oder nicht?**
Soll man nun den Gittertopf an einer Aquarienpflanze entfernen oder nicht? Eine sehr häufig gestellte Frage, und die Antwort lautet »Jein«. Denn beides kann richtig sein. Stark durchwurzelte Töpfe sollten an der Pflanze belassen werden, da diese sonst zu sehr Schaden nehmen könnte. Reißen Sie aber die aus dem Topf getriebenen Wurzeln ab (→ Seite 44), bevor Sie die Pflanze mitsamt ihrem Topf ins Aquarium setzen. Eventuell können Sie den etwas breiteren Topfrand mit Hilfe einer Schere entfernen und den Topf selbst etwas einschneiden, damit ihn die Pflanze im Zuge ihres Wachstums regelrecht sprengen kann.
Schwach durchwurzelte Töpfe sollten Sie dagegen besser entfernen, damit sich Ihre Pflanze möglichst ungestört weiterentwickeln kann. Entfernen Sie dabei auch gleichzeitig das Substrat aus Steinwolle – allerdings nur das lose Material, das noch nicht durchwurzelt ist.
Erhalten Sie unbedingt den von der Pflanze gebildeten Wurzelballen, denn nur dann ist ein zügiges Weiterwachsen der Pflanze in Ihrem Aquarium gesichert.

**Mit der Pinzette pflanzen**
Beim Setzen besonders fragiler Arten im bereits teilbefüllten Aquarium (→ Seite 45) und bei späteren Nachpflanzungen hat sich der Einsatz von stumpfen, etwa 25 cm langen Stahlpinzetten (aus dem Zoofachhandel) bewährt. Er gewährleistet einen senkrechten Sitz der Wurzeln oder Stängel im Boden und damit auch ein schnelles Anwachsen der Pflanzen.
Fassen Sie bei Stängelpflanzen den Stiel ganz unten mit der Pinzette und drücken Sie ihn senkrecht in den Kies hinein. Klappen Sie dann vorsichtig die Pinzette auf und ziehen Sie sie aus dem Bodengrund: Der Aquarienkies wird den Pflanzenstiel sofort umrieseln und fixieren. Bei Rosettenpflanzen verfahren Sie ähnlich: Fassen Sie dazu die Enden der zuvor eingekürzten Wurzeln (→ Seite 44).

*Mit der Pinzette kann man auch an für die Hand schwer zugänglichen engen Stellen im Aquarium Pflanzen setzen.*

# Pflanztiefe und Pflanzabstand

*Erhalten Sie den Wurzelballen bei der Topfpflanze.*

**Weitere Praxistipps**

Einzeln oder in Gruppen? Setzen Sie Ihre Pflanzen bevorzugt in Gruppen – die meisten Arten kommen dadurch in ihrer Gesamtheit besser zur Geltung. Ausnahmen bilden die so genannten Solitärpflanzen, die sehr ausladend wachsen und immer einzeln stehen sollten.

Vorsicht Dünger! Das Steinwollesubstrat von getopften Pflanzen ist meist voll gesogen mit einer konzentrierten Nährlösung. Es sollte vor dem Einsetzen wie ein Schwamm vorsichtig ausgedrückt werden, um eine Belastung des Aquarienwassers zu vermeiden.

Die richtige Pflanztiefe: Achten Sie beim Einsetzen der Pflanzen auf die richtige Pflanztiefe. Bei Stängelpflanzen sollte mindestens ein Wachstumsknoten – die Stelle, an der Blätter austreten – Bodenkontakt haben. Rosettenpflanzen dürfen nur so tief eingesetzt werden, wie sie zuvor kultiviert wurden – ihre grünen Pflanzenteile gehören nicht in den Bodengrund.

Der richtige Pflanzabstand: Gönnen Sie jeder einzelnen Pflanze ihren Raum, damit sie genügend Licht bekommt und gesund wachsen kann. Als Faustregel gilt: Setzen Sie die Pflanzen so ein, dass ihre Blätter die der Nachbarpflanze gerade noch berühren.

Pflanzenstraßen sind ein besonders dekoratives Element in einem Aquarium. Sie werden aus einer meist von vorne nach hinten leicht ansteigenden Pflanzengruppe gebildet (→ Zeichnung, Seite 18/19). Die klassische Art zur Gestaltung einer Pflanzenstraße ist *Lobelia cardinalis* (→ Seite 23)

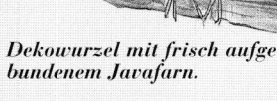

*Dekowurzel mit frisch aufgebundenem Javafarn.*

# AQUARIENPFLANZEN RICHTIG PFLEGEN

*Ein Unterwassergarten braucht Pflege: Nur mit regelmäßigen Schnitt- und Verjüngungsmaßnahmen, einer ausgewogenen Nährstoffversorgung, einem optimalen Lichtangebot sowie stabilen Wasserwerten wird sich ein dauerhaft üppiger Pflanzenbewuchs entwickeln können.*

## Das Aquarium – ein dynamischer Lebensraum

Das Aquarium mit seinen Pflanzen, Fischen, Wurzeln, Steinen und Freiflächen bildet einen in sich geschlossenen Lebensraum, der aber einer eigenen Dynamik und damit einer ständigen Veränderung unterworfen ist. Fische vermehren sich, werden größer und älter. Pflanzen wachsen und breiten sich aus. Die Qualität des Wassers verändert sich schon allein durch Verdunstung und Wiedernachfüllen, vor allem aber durch die Vielzahl an biologischen und chemischen Prozessen, die in ihm ablaufen. Der Eindruck, den ein Aquarium auf den Betrachter macht, ist daher immer nur eine Momentaufnahme. Das gilt insbesondere für die Flora.

Konkurrenz unter Pflanzen: Die Pflanzen stehen ständig miteinander in Konkurrenz um Platz, Nährstoffe und Licht. Da ein Aquarium nun mal ein begrenzter Raum ist, muss der Mensch kontrollierend und pflegend eingreifen, sonst würde das Becken mit der Zeit völlig verwildern.

Abgesehen davon, dass dann den Fischen nicht mehr genügend freier Raum zum Schwimmen zur Verfügung stehen würde, ginge der Wettstreit auch auf Kosten der Vielfalt. In letzter Konsequenz würden nur einige wenige Pflanzenarten überleben.

Ein Unterwassergarten braucht Pflege: Ein schönes Aquarium ist wie ein kleiner Garten, bei dem das natürliche Wachstum in ästhetische Bahnen gelenkt wird. Freie Bereiche werden von sich ansiedelnden Arten befreit und zu groß gewachsene Büsche zurückgeschnitten. Pflanzen, die sich zu stark vermehren, müssen in ihrer Ausbreitung eingedämmt werden (→ Zeichnung, Seite 50). Alte Pflanzen sollten regelmäßig verjüngt und kranke ersetzt werden. Damit die Pflanzen aber auch wirklich so gut wachsen, dass Sie daraus einen attraktiven Unterwassergarten gestalten können, müssen sie regelmäßig mit Nährstoffen in Form von speziell für das Aquarium entwickelten Düngern versorgt werden.

Alle hier angesprochenen Pflegemaßnahmen finden Sie auf den folgenden Seiten näher beschrieben. Dabei wurde – wie im Porträtteil (→ Seite 13–25) – grundsätzlich zwischen Rosetten- und Stängelpflanzen unterschieden.

*Pflanzgruppe des Großen Papageienblatts mit starker Kontrastwirkung vor der grünen Umgebung.*

# Aquarienpflanzen richtig pflegen

## Vermehrung, Verjüngung und Schnitt

Die geschlechtliche Vermehrung über Samen spielt bei Aquarienpflanzen so gut wie keine Rolle, da nur wenige Arten im Becken blühen können. Die ungeschlechtliche Vermehrung dagegen ist für die Pflege und Verjüngung von Aquarienlandschaften äußerst wichtig. Man unterscheidet dabei:

- ✔ Ableger bzw. Ausläufer,
- ✔ Brut- bzw. Adventivpflanzen,
- ✔ Teilung des Wurzelstocks und
- ✔ Stecklinge.

### Rosettenpflanzen

Rosettenpflanzen sind sehr pflegeleicht. Es genügt, überalterte Blätter zu entfernen und die Bestände ab und zu auszulichten. Zur Vermehrung bilden die Pflanzen je nach Art verschiedene Formen von »Tochterpflanzen«:

<u>Ableger</u> sind Seitentriebe, an deren Ende sich neue Pflanzen bilden. Sie finden sich zum Beispiel bei der Gattung *Vallisneria* (→ Seite 18). Manche Ableger sind nur wenige Millimeter lang, andere werden bis zu 20 cm. Hier können Sie mit der Schere die Ausbreitung begrenzen.

<u>Brutpflanzen</u> bilden sich zum Beispiel an den Blütenständen der größeren *Echinodorus* (→ Seite 15) oder an den Blättern von *Microsorum pteropus* (→ Seite 24). Sie können abgetrennt und eingepflanzt werden.

<u>Teilung der Wurzelstöcke:</u> Andere Arten wie *Anubias barteri* (→ Seite 14) vermehren sich über verdickte Wurzeln, an denen neue Pflanzen entstehen. Auch sie können abgetrennt werden.

### Stängelpflanzen

Die Hauptpflegemaßnahme bei Stängelpflanzen ist der Schnitt. Durch gezieltes Einkürzen wird die Pflanze in ihrer Höhe begrenzt und zu einem buschigeren Wachstum angeregt. Triebspitzen oder Seitentriebe können auch als Stecklinge geschnitten werden. Pflanzen Sie den Steckling bis über den untersten Wachstumsknoten in den Bodengrund und entfernen Sie in diesem Bereich alle Blätter – sie würden sonst faulen.

*Die meisten Rosettenpflanzen bilden am Boden kriechende Ausläufer.*

# Grundversorgung mit Nährstoffen

## Pflegeplan Aquarienpflanzen

| | |
|---|---|
| **Tägliche Pflege** | ✔ Pflanzen auf Verletzungen oder Fraßspuren kontrollieren.<br>✔ Stimmt die Wassertemperatur? Arbeiten die elektrischen Geräte einwandfrei? |
| **Wöchentliche Pflege** | ✔ pH-Wert kontrollieren und bei Bedarf bis zu ein Fünftel des Wassers wechseln.<br>✔ Den Mulm vom Bodengrund absaugen (→ PRAXIS Pflanzenpflege, Seite 58/59).<br>✔ Aquarienscheiben reinigen.<br>✔ Abgestorbene oder verletzte Blätter entfernen.<br>✔ Mit Volldünger nachdüngen. |
| **Monatliche Pflege** | ✔ Regulierend in die Ausbreitung von Pflanzen eingreifen.<br>✔ Stängelpflanzen bei Bedarf einkürzen.<br>✔ Bis zu ein Drittel des Wassers wechseln; nach Bedarf mit weichem Wasser auffüllen.<br>✔ Eventuell vorhandene Innenfilter reinigen. |
| **Jahrespflege** | ✔ Leuchtstoffröhren austauschen (→ Seite 55).<br>✔ Das Nährstoffdepot mit Bodendüngekugeln auffüllen (→ Seite 51). |
| **Pflege bei Bedarf** | ✔ Schlecht wachsende Pflanzengruppen ersetzen.<br>✔ Außenfilter reinigen, sobald die Durchflussleistung spürbar abnimmt. |

## Düngung

Neben Licht, Kohlendioxid und Wasser brauchen Aquarienpflanzen zum Aufbau ihres Körpers eine ganze Reihe von »Nährstoffen« in Form von wasserlöslichen Salzen, die entweder natürlich durch den Abbau organischer Substanz entstehen oder von außen als Dünger zugeführt werden müssen. Bedenken Sie dabei: Eine optimale Nährstoffversorgung und damit eine gut wachsende Pflanzenlandschaft ist nicht nur eine Augenweide, von ihr profitiert auch das gesamte Unterwasserklima im Aquarium. Bei der Düngung unterscheidet man eine erste Grundversorgung von den späteren, regelmäßigen Nachdüngungen.

## Grundversorgung mit Nährstoffen

Am einfachsten und effektivsten ist die Grundversorgung der Pflanzen mit Nährstoffen über den Bodengrund (→ Seite 41) zu bewerkstelligen. Der Zoofachhandel hat dazu eine Vielzahl von Bodengrundmischungen, Düngegranulaten und so genannten Bodengrundplatten im Angebot. Lassen Sie sich von Ihrem Fachhändler über die für Ihr Aquarium am besten geeigneten Produkte ausführlich beraten. **Vorsicht:** Verwenden Sie im Bodengrund keine reinen Torfplatten. Diese haben sich nicht bewährt. Auf Grund der starken Abgabe von Huminsäuren entwickelt sich ein zu saures Klima, wodurch die meisten Pflanzenwurzeln langfristig absterben.

# Aquarienpflanzen richtig pflegen

*Ammania gracilis benötigt relativ viel Licht und eine gute Nährstoffversorgung.*

## Regelmäßige Nachdüngung

Zur laufenden Nachdüngung oder zur gezielten Behebung eines Nährstoffmangels gibt es im Zoofachhandel verschiedene Präparate:

✔ Praktisch und einfach zu dosieren sind Flüssigdünger. Optimal für den Pflanzenwuchs ist eine regelmäßige, geringe Nachdüngung mit einem Düngeautomaten.

✔ Zur gezielten Nachdüngung einzelner Pflanzen (z. B. *Echinodorus bleheri*, → Seite 15) hat sich überdies die Verwendung von Düngekugeln bewährt. Sie bestehen aus mit Nährstoffen beladenen Tonpartikeln und werden um die zu düngenden Pflanzen in den Boden gedrückt. Grundsätzlich gilt: Düngen Sie öfters, aber dafür in kleineren Dosierungen. Damit sorgen Sie für ein konstantes Nährstoffangebot, wie es Pflanzen lieben (→ Tipp, Seite 35).

Volldünger: Die speziell für den Einsatz im Aquarium konzipierten Dünger sind meist so genannte Volldünger, das heißt, sie enthalten ein komplettes Angebot an Nährstoffen. Auf Stickstoffverbindungen und Phosphate, die einen Großteil der Gartendünger ausmachen, wird im Aquarium weitestgehend verzichtet, da diese Nährstoffe in der Regel reichlich vorhanden sind (→ Seite 38/39).

Spurenelemente: Eine wichtige Rolle bei der Ernährung der Pflanzen im Aquarium spielen die Spurenelemente wie zum Beispiel Eisen, Mangan, Kupfer oder Molybdän. Die Pflanzen brauchen zwar nur winzige Mengen – eben

# Spurenelemente

*Exotische Wuchsformen: Teichlebermoos (vorn), Echter Seeball (hinten).*

Spuren – dieser Elemente, aber sie brauchen sie zwingend. Fehlt nur ein einziges, oder ist es für die Pflanzen nicht ausreichend verfügbar, wird das Wachstum gravierend beeinträchtigt.

Eisen- und Manganmangel: Im Aquarium kommen vor allem zwei Spurenelemente-Mangelerkrankungen vor. Beide führen zu ausgebleichten Blättern, so genannten Chlorosen:

✔ Eisenmangel erkennen Sie daran, dass Blätter und Blattnerven weißlichgelb werden.

✔ Bei Manganmangel vergilben zwar die Blätter, die Blattadern bleiben aber grün.

Manchmal hängen diese beiden Mangelerkrankungen zusammen: Da Eisenmangel ein häufiges Problem darstellt, geben viele Aquarianer vorbeugend regelmäßig Eisendünger ins Aquarium. Mangan ist aber dem Eisen sehr ähnlich – beide Elemente werden von der Pflanze über dieselben biologischen Mechanismen aufgenommen. Ein Zuviel an Eisen im Wasser kann deshalb alle Transportwege in die Pflanze besetzen und dadurch die Aufnahme von Mangan erschweren oder sogar weitgehend verhindern.

Der Einfluss des pH-Werts: Der pH-Wert oder Säuregrad des Wassers beeinflusst direkt die Verfügbarkeit der Nährstoffe für die Pflanzen (→ Seite 37). Die meisten dieser Nährstoffe können von den Pflanzen am besten in leicht saurem Wasser (pH-Wert 6,5) aufgenommen werden. Im alkalischen Bereich dagegen (pH-Werte über 7,5) wird die Nährstoffaufnahme zunehmend schwieriger.

# Aquarienpflanzen richtig pflegen

## Pannenhilfe

| Probleme | Ursache | Abhilfe |
|---|---|---|
| Blätter und Blattnerven werden weißlichgelb, später glasig und sterben schließlich ab. | Eisenmangel | Eisendünger geben und bei einem pH-Wert über 7,5 die Wasserwerte neu einstellen. |
| Blätter vergilben, aber die Blattnerven bleiben grün. | Manganmangel, oft als Folge einer Überdüngung mit Eisen | Wasser bis zu einem Drittel austauschen und Spurenelementdünger geben. |
| Stängelpflanzen bilden immer längere, dünnere Triebe – das allgemeine Wachstum stagniert. | Lichtmangel | Leuchtstoffröhren austauschen, hoch glänzende Reflektoren einsetzen oder Aquarium mehr beleuchten. |
| Blätter weisen runde Löcher auf, Blattränder sehen angefressen aus. | Schneckenfraß | Schnecken fressende Fische oder Schneckenbekämpfungsmittel einsetzen (→ Seite 56). |
| Blätter weisen große ausgefranste Löcher auf, Blattnerven liegen oftmals frei. | Schäden durch Algen abgrasende Welsarten | Fische mit viel Grünfutter (Futtertabletten) versorgen. |
| Bodengrund zeigt schwarze Stellen, übel riechende Gasblasen steigen auf, Pflanzen faulen ab. | Verdichteter Boden: Falscher Bodengrund wurde mit zu viel organischem Material verwendet. | Bodengrund austauschen und korrekt aufbauen (→ Seite 41); optimal ist der Einsatz einer Bodenheizung. |

## Schäden an Pflanzen

Bei aller Flexibilität hinsichtlich ungünstiger Lebensbedingungen können Wasserpflanzen krank werden. Die Ursachen im Aquarium sind nur selten bei Bakterien oder Viren zu suchen. Die meisten Schädigungen an Pflanzen sind Folgen schlechter Wasserqualität und eines falschen oder zu geringen Lichtangebots – Bedingungen, mit denen die konkurrierenden Algen oft besser zurechtkommen. Dazu kommt die Fraßtätigkeit einiger tierischer Aquarienbewohner. Beobachten Sie Ihre Pflanzen aufmerksam und reagieren Sie möglichst schon bei den ersten Schäden und Wachstumsstörungen.

### Schlechte Wachstumsfaktoren

Meist handelt es sich um eine Schieflage in der Wasserqualität, wenn Pflanzen nicht weiter wachsen, sich verfärben oder löchrig werden.
✔ Bei hohen pH-Werten und hartem Wasser ist die Nährstoffversorgung der Pflanzen erschwert (→ Seite 37), was zu Kümmerwuchs führen kann. Auch ein harter Kalkbelag auf den Blättern ist eine Folge einer solchen ungünstigen Wasserqualität und dem damit im Zusammenhang stehenden Mangel an freiem Kohlendioxid (→ Seite 35).
✔ Ein direkter Mangel oder Überschuss an Nährstoffen und Spurenelementen kann für die Pflanzen geradezu verheerend sein.

## Wasser und Licht optimieren

Das Wasser sanieren: Leider sind die einzelnen Schadbilder für den Laien nur schwer zu unterscheiden und damit auch schwer einem bestimmten Nährstoffmangel zuzuordnen. Hier hilft es oftmals nur, das Wasser grundlegend zu sanieren. Führen Sie einen kräftigen Wasserwechsel durch (bis zu ein Drittel des Volumens) und wiederholen Sie die Prozedur noch einmal eine Woche später. Geben Sie gleichzeitig einen guten Aquarienvolldünger, der neben den Hauptnährstoffen auch die ganze Palette der Spurennährstoffe enthält.

**Wichtig:** Es empfiehlt sich, die wichtigsten Wasserwerte regelmäßig zu kontrollieren, um schon im Vorfeld einer sichtbaren Störung reagieren zu können.

Lichtmangel: Ähnlich verhält es sich bei Wachstumsstörungen auf Grund eines zu geringen Lichtangebots. Meist liegt die Ursache im Nachlassen der Lichtleistung von Leuchtstoffröhren. Sie sollten spätestens nach etwa einem Jahr gegen neue Röhren ausgetauscht werden Schon manch ein Aquarianer war von der durchschlagenden Wirkung dieser einfachen Maßnahme auf das Pflanzenwachstum überrascht.

**Wichtig:** Tauschen Sie die einzelnen Röhren nie auf ein Mal, sondern nach und nach über einen Zeitraum von zwei bis drei Wochen aus. Von dem plötzlich größeren Lichtangebot würden sonst zunächst nur die schnellwüchsigen Algen profitieren. Die höher entwickelten Pflanzen benötigen einige Tage, bis sie sich auf die neue Situation eingestellt haben und diese optimal nützen können.

Der Erfolg braucht Zeit: Wenn Sie die Wasserverhältnisse ins Lot gebracht und die Beleuchtung optimiert haben, werden auch die Pflanzen wieder zu wachsen beginnen. Je nach Pflanzenart kann das aber duchaus ein paar Tage dauern. Verlieren Sie nicht gleich die Geduld. Neues, gesundes Wachstum erkennen Sie an sattgrünen Herzblättern – so nennt man das jüngste Blatt im Zentrum von Rosettenpflanzen – und an frischen Triebspitzen.

### Algenwachstum

Vor Algensporen kann man sich nicht schützen. Sie sind überall, und haben sie sich erst explosionsartig vermehrt, ist ihnen nur schwer beizukommen. Für die Aquarienpflanzen sind sie nicht nur Konkurrenz, sie können sie regelrecht zuwachsen.

*Posthornschnecken und Algen abgrasende Welse schädigen Aquarienpflanzen.*

# Aquarienpflanzen richtig pflegen

✔ Sorgen Sie für möglichst optimale und vor allem auch konstante Wachstumsbedingungen (→ TIPP, Seite 35) für Ihre Pflanzen, und Sie befinden sich schon auf dem halben Weg zu einem nahezu algenfreien Aquarium.

✔ Eine Reihe von Zierfischarten betätigen sich als effiziente Algenfresser. Dazu gehören zum Beispiel so beliebte Zierfische wie Black Molly, Platy, Siamesische Rüsselbarbe, Spiegelkärpfling oder Saugwels. Sprechen Sie Ihren Zoohändler auf sein diesbezügliches Angebot an und lassen Sie sich gründlich beraten.

Präparate gegen Algen: Haben sich die Algen aber doch einmal stark vermehrt, wird Ihnen manchmal nur noch der Einsatz eines Algenvertilgungsmittels übrig bleiben. Beachten Sie dabei aber, dass solche Präparate immer auch in einem gewissen Maße die höher entwickelten Aquarienpflanzen schädigen. Es ist deshalb besonders wichtig, die Anwendungshinweise der Hersteller genau zu beachten. Nach solch einer Algenkur sollten Sie möglichst bald wieder für gute Wachstumsverhältnisse sorgen (→ Seite 55). Ergänzen Sie Ihren Pflanzenbestand am besten auch um die eine oder andere schnell wachsende Pflanzengruppe (→ Pflanzen im Porträt, Seite 13-25).

## Fraßschäden

Im Aquarium können zwei Tiergruppen den Pflanzenbestand gravierend beeinträchtigen (→ Zeichnung, Seite 55).

Schneckenfraß erkennen Sie an runden Löchern in Blättern und angefressenen Blatträndern. Bei einem massenhaftem Auftreten kann der Pflanzenbestand schnell dezimiert werden. Doch davor können Sie sich schützen:

✔ Setzen Sie Schnecken fressende Fischarten wie Prachtschmerle oder Kugelfisch ein.

✔ Im Fachhandel werden wirksame Schneckenbekämpfungsmittel angeboten. Beachten Sie aber, dass durch ihre Anwendung eine Schädigung der Pflanzen nicht auszuschließen ist und dass das plötzliche Absterben vieler Schnecken zu einer erhöhten Wasserbelastung führt.

Einige Welsarten weiden gerne den feinsten Algenbelag von Blättern ab und verletzen dabei die oberste Blattschicht. Als Folge dieser Verletzung stirbt das darunter liegende Gewebe ab. Charakteristisch für diese Fraßschäden sind die wie ein Gerippe verbleibenden Blattadern. Diesem meist nächtlichen Treiben können Sie durch vermehrtes Füttern begegnen – am besten in Form von Futtertabletten, die einen hohen Pflanzenanteil in der Mischung aufweisen.

*Die Sternrotala (Eustralis stellata) gehört zu den etwas anspruchsvolleren Arten.*

# 10 Goldene Regeln
## für die richtige Pflanzenpflege

**1** Aquarienpflanzen sind anpassungsfähiger, als man glaubt, aber sie benötigen Zeit, um sich auf ein neues Umfeld einzustellen.

**2** Ein Aquarium kann nur funktionieren, wenn die Pflanzen- und Fischarten in ihren wichtigsten Ansprüchen harmonieren.

**3** Kontrollieren Sie ein Mal im Monat pH-Wert und Karbonathärte. Bei einer Schieflage dieser Werte sollten Sie bis zu ein Drittel des Wassers wechseln.

**4** Schnell wachsende Pflanzen benötigen mehr Pflege als langsam wachsende Arten, sie sind aber wertvoller für das biologische Gleichgewicht Ihres Aquariums.

**5** Betrachten Sie niemals einen Klimafaktor für sich allein. Erst das funktionierende Zusammenspiel von Licht, Temperatur und verfügbarem Nahrungsangebot führt zu einem gesunden, üppigen Pflanzenwachstum.

**6** Der Gefahr eines übermäßigen Algenwachstums begegnen Sie am besten mit einem funktionierenden Aquarium mit üppig gedeihenden Pflanzen.

**7** Düngen Sie Ihre Aquarienpflanzen lieber öfters, dafür aber in kleineren Dosierungen. Das wirkt effektiver und belastet das Wasser weniger.

**8** Reinigen Sie den Bodengrund eines Aquariums nur oberflächlich – bis in maximal 1 cm Tiefe.

**9** Entfernen Sie laufend abgestorbenes organisches Material aus dem Aquarium – es würde das Wasser stark belasten.

**10** Der Einsatz von Medikamenten gegen Zierfischkrankheiten belastet auch die Pflanzen. Wechseln Sie nach der Kur zwei Mal im Abstand von zwei Tagen bis zu ein Drittel des Wassers.

# PRAXIS PFANZENPFLEGE

## Pflege bei der Tigerlotus

*Nymphaea lotus* ist eine herrliche Pflanze im Aquarium, sofern sie einige attraktive Unterwasserblätter ausbildet. Unglücklicherweise neigt die Tigerlotus aber dazu, stattdessen nur Schwimmblätter hervorzubringen, die an der Wasseroberfläche treiben und einen beträchtlichen Schatten ins Aquarium werfen.

Die Tigerlotus lässt sich aber zu einer vermehrten Produktion von Unterwasserblättern regelrecht erziehen: Knipsen Sie hierzu laufend mit der Hand die sich bildenden Schwimmblätter – kenntlich an den lang gestreckten Blattstielen – direkt an der Basis ab. Mit der Zeit wird die Pflanze dann an kurzen Blattstielen die sehr dekorativen großflächigen Unterwasserblätter ausbilden, die einen wahren Blickfang im Aquarium darstellen.

## Rückschnitt eines Pflanzenbestands

Stängelpflanzen müssen von Zeit zu Zeit geschnitten werden, sonst bilden sie unschöne, kahle Stiele. Sie verzeihen auch einen radikalen Rückschnitt, sofern bei den im Bodengrund verbleibenden Pflanzenteilen noch mindestens zwei Blattpaare stehen bleiben. Kürzen Sie die einzelnen Pflanzen mit einer scharfen Schere. Achten Sie aber darauf, eine Pflanzengruppe nicht einfach in einer Höhe waagerecht abzuschneiden.

Das wirkt sehr unnatürlich. Besser ist es, die randständigen Pflanzen etwas kürzer zu schneiden als die zentralen.

**Pflanzenstraßen:** Oft wird der Rückschnitt bei der Pflege von Pflanzenstraßen durchgeführt. Als Pflanzenstraße bezeichnet man eine Gruppe von Pflanzen gleicher Art, die gemeinsam eine meist schmale, aber in die Länge gezogene Fläche völlig abdecken. Mit Pflanzenstraßen kann man ein Aquarium wunderbar gliedern. Sie führen den Betrachter in das Aquarium hinein oder simulieren einen Geländeanstieg, indem die einzelnen Pflanzen in ihrer Höhe vom Vordergrund des Aquariums nach hinten hin ansteigen.

**Stecklinge:** Die abgeschnittenen Oberteile der Stängelpflanzen nennt man Kopfstecklinge. Mit ihnen können Sie spielend leicht Ihren Pflanzenbestand verjüngen und vermehren (→ Seite 50).

*Mit einem scharfen Messer werden die einzelnen Stängel eingekürzt.*

# Bodenpflege mit der Mulmglocke

*Sehr praktisch für die Bodengrundpflege sind Mulmglocken.*

## Bodengrundpflege mit der Mulmglocke

Mulmglocken werden in unterschiedlichen Ausführungen im Zoofachhandel angeboten. Mit ihrer Hilfe befreit man die oberste Schicht des Bodengrunds (nicht tiefer als 1 cm) von Mulm, der sich aus Futterresten, Kot und anderem organischen Material zusammensetzt und das Wasser erheblich belasten kann.

<u>Den Mulm vom Kies trennen:</u> Nutzen Sie den regelmäßigen wöchentlichen Wasserwechsel, um gleichzeitig den Bodengrund zu reinigen. Stecken Sie den Schlauch auf die Mulmglocke. Beim Ansaugen werden Mulm und Kies aufgewirbelt. Da die Mulmglocke aber einen großen Querschnitt hat, ist die Fließgeschwindigkeit des Wassers in ihr nur gering. Der schwerere Kies fällt wieder zu Boden, und nur der Mulm bleibt in Schwebe und wird mit dem abgesaugten Wasser aus dem Aquarium befördert.

### Weitere Pflegetipps aus der Praxis

<u>Rückschnitt von großen Vallisnerien:</u>
Vallisnerien (→ Seite 18) erreichen auch im Aquarium Blattlängen von mehr als einem Meter und wachsen dann flutend – auf dem Wasser liegend – weiter. Das wirkt dekorativ, wirft aber oft zu viel Schatten. Hier hilft das Einkürzen der einzelnen Blätter. Schneiden Sie aber nie mehr als ein Drittel der Blätter ab, die Pflanze würde sonst zu sehr geschwächt.

<u>Wie Brutpflanzen gut anwachsen:</u>
Die Ableger ähnlichen Brutpflanzen des Herzblättrigen Froschlöffels *(Echinodorus cordifolius,* → Seite 15*)* sollten nicht zu früh vom Blütenstiel abgetrennt werden – sonst wachsen sie nur schwer an. Besser ist es, sie mit dem Blütenstiel und der Verbindung zur »Mutterpflanze« in den Boden zu drücken. Erst wenn die jungen Pflanzen Wurzeln und mindestens vier Blätter ausgebildet haben, sollte der Blütenstiel abgeschnitten und entfernt werden – sie wachsen dann zügig selbstständig weiter.

*Das Abknipsen von Schwimmblättern sorgt für den Austrieb von Unterwasserblättern.*

# REGISTER

Die halbfett gesetzten Seitenzahlen verweisen auf Farbfotos und Zeichnungen.

Ableger 50, 59
Adventivpflanzen 50
Afrikanisches
  Zwergspeerblatt 14
Algen 23-26, 30, 32, 38, 39, 41, 54-57
Alternanthera
  – cardinalis 19
  – reineckii ›Rosablättrig‹ 19, 26, 27, 48
  – sessilis 19, 23, 27
Ammania gracilis 19, **52**
Ammonium 38
Anubias
  – afzellii 14, 27
  – barteri 14, **16**, 27, 50
  – congensis 14, 27
  – gracilis 14, 27
  – heterophylla 14, 27
  – lanceolata 14, 27
Ausläufer 15, 18, 46

Bacopa
  – caroliniana 19, **20**
  – monnieri 19
Barclay longifolia 18
Barschbecken 7, 12, 14, 27, 42
Beleuchtung 9, 30-33, 51, 54, 55, 65
Biotop-Aquarien 27, 43
Bodengrund 33, 34, 38, 41, 46, 54
  -substrat 41, 51
Bodenheizung 33, 39, 41, 54
Bolbitis
  heudelottii 10, 25
Brasilianischer
  Wassernabel 22
Breitblättrige
  Bastardludwigie 23
Brutpflanzen 50

Cabomba
  – aquatica **8**, 19
  – caroliniana 19, **25**, **26**
  – piauhyensis 19
Cardamine lyrata 22, **33**
Carolina-Haarnixe 19
Ceratophyllum
  submersum 19
Ceratopteris thalictroides 14, 22, 26, 27
Cladophora
  aegagropila 24, 27, **53**
Cryptocoryne
  – aponogetifolia 14, 27
  – beckettii 15, 27
  – crispatula 14,**17**, 26, 27
  – lucens 15
  – moehlmanii 15
  – nevillii 15, 26
  – parva 15
  – spiralis 14
  – retrospiralis 14
  – tonkiniensis 14
  – undulata 14
  – walkeri 15
  – wendtii 14, **17**, 26, 27
  – x willisii 15, **17**, 26

Diskus 7, 12, 27,
Düngen 10, 15, 35-39, 47, 49-55

Echinodorus 50
  – amazonicus 15, 26, 27
  – barthii 15
  – bleheri 15, **16**, 26, 27, 52
  – bolivianus 15, 27
  – cordifolius 15, **16**, 26, 27
  – horizontalis 15, 27, **44**
  – martii 15, 27
  – osiris 15, **61**
  – parviflorus 15, 27
  – quadricostatus 15, **17**, 26, 27
  – schlüteri 15, 27
  – tenellus 15, 18, 27
Echter Seeball 24
Egeria densa 19
Eisen 15, 39, 52-54
Eleocharis parvula 15
Elodea crispa 19
Emers 10
Eustralis stellata 23

Filter 14, 24, 30, 34, 38, 39, 42, 51

Gesellschafts-Aquarium 26, 33, 43
Grasblättriger
  Wasserkelch 14
Glossostigma
  elatinoides 18, 23
Großblättriges
  Fettblatt 19
Große Schwertpflanze 15
Großes Papageienblatt 19

Heizer 14, 33, 39, 41, 42, 45, 54, 65
Herzblättriger
  Froschlöffel 15
Heteranthera
  zosterifolia 23
Hintergrundpflanze 12, 14, 18, 19, 22, 23, 26, 27, 42, 43, 44
Hottonia inflata 23
Hydrocotyle
  – leucocephala **6/7**, 22, 26, 27
  – verticillata 22
Hygrophila
  – corymbosa **20**, 22, 26, 27
  – difformis 14, **20**, 22
  – polysperma **21**, 23, 26, 27
  – siamensis 22
  – salicifolia 22, 27

# Register A bis R

Indischer
- Wasserfreund 23
- Wasserstern 22

Javafarn 24, 25, 46

Kaliummangel 39
Kalkablagerung 36, 38, 54
Kalzium 39
Karbonathärte 36, 37, 38, 57
Kardinalslobelie 23
Kleines Pfeilkraut 18
Kleiner Sumpffreund 23
Kohlendioxid 9, 35-38, 54
-Düngung 35-38, 51, 65
-Mangel 54

*Lagarosiphon major* 19
Leuchtbalken 33
Leuchtstoffröhren 31-33, 51, 54, 55, 64
Lichtmangel 54, 55
Lichtsteuerung 32, 33
*Lilaeopsis novae-zelindae* 18, 27
*Limnobium laevigatum* 25
*Limnophila*
- *aquatica* 23
- *sessiliflora* 10, 21, 23, 26, 27

*Lobelia cardinalis* 21, 23, 26, 27, 46
*Ludwigia*
- *arcuata* 23
- *glandulosa* 23
- *palustris* 21, 23, 26
- *perennis* 23
*Lysimachia nummularia* 19

Mangan 39, 52-54
Mangrovenwurzel 42
*Mayaca fluviatilis* 23, 27
*Micranthemum*
- *micranthemoides* 23
- *umbrosum* 20, 23, 26, 27
*Microsorum pteropus* 10, 24, 27, 50
- ›Windelov‹ 25
Mittelgrundpflanzen 14, 15, 19, 20-23, 26, 27, 40
Moosgummi 29
Mulm absaugen 51, 59
Muschelblume 25
*Myriophyllum*
- *aquaticum* 19
- *scabratum* 19

*Echinodorus osiris mit im Austrieb rotbraun gefärbten Blättern.*

Nährstoffmangel 39, 52, 54, 55
Nitrat 38
Nitrit 38
*Nymphaea*
- *lotus* 2/3, 11, 18, 26, 58
- *stellata* 18

Pflanzenstraße 23, 47, 58
Phosphat 39, 52
Photosynthese 9, 35, 37
pH-Wert 13, 33, 35-39, 42, 51, 53, 54, 57
Pinzette 45, 46
*Pistia stratiotes* 10, 24, 25, 49

Quecksilberdampflampen 31, 32

Reflektoren 32, 52
*Riccia fluitans* 25, 53
Riesenwasserfreund 22
Rosettenpflanzen 11, 13-18, 24, 46, 47, 50
*Rotala*
- *macranta* 19
- *rotundifolia* 23, 26, 37
- *walichii* 23
Rundblättrige
- Rotala 23
Rundblättriges
- Perlenkraut 23

# ADRESSEN

*Sagittaria*
- *platyphylla* 15, 27
- *subulata* **17**, 18, 26, 27

*Salvinia auriculata* 25
Sauerstoff 4, 5, 9, 23, 34, 35, 38
Schnecken 39, 54, 56
Schnitt 43, 44, 50, 51, 58, 59
Schrauben-
vallisnerie 18
Schwarmfisch-
aquarium 27
Schwimmblätter 18, 58
Schwimmpflanzen 10, 24, 25
Solitärpflanzen 6, 11, 15, 18, 47
Spurenelemente 37, 39, 52, 54
Stängelpflanzen 19-23, 43-47, 50, 54
Steckling 50, 58
Stickstoff 9, 25, 26, 38, 42, 46, 52
Submers 10
Sumpfpflanzen 10
Sumatrafarn 14
*Synema* 22

Teichlebermoos 25
Thermofilter 33
Tigerlotos 18, 58
Torf 35, 51

*Vallisneria* 38, 44, 50
- *asiatica* 18, 26, 27
- *contorcionist* 18
- *gigantea* 18, 27
- *spiralis* **16**, 18, 26, 27, 42
Vermehrung 50, 58
*Vesicularia*
*dubyana* 25
*Vistaria* 22
Vordergrundpflanzen 12, 14, 15, 18, 21, 24, 26, 27, 40

Wasserhärte 12, 13, 36, 37, 38, 54
Wasserpest 19
Wasserwechsel 38, 39, 51, 52, 55, 57
Welse 54, 56
Wasserkelche 14, 15
Wurzeln 10, 19, 22, 25, 38, 39, 44-46

**Adressen, die weiterhelfen**

• Verband Deutscher Vereine für Aquarien- und Terrarienkunde e. V. (VDA), Geschäftsstelle: Hans und Ingrid Stiller, Luxemburger Str. 16, D-44789 Bochum
Hinweis: Der VDA gibt Auskunft über aktuelle Adressen von Aquarienverbänden in Ihrem Wohnbereich, hilft bei Vermittlung von Kontakten (z. B. Hilfe bei Fischkrankheiten, Beschaffung von seltenen Fischen).

• Bundesverband für fachgerechten Natur- und Artenschutz e. V. (BNA), Postfach 1110, D-76707 Hambrücken
Hinweis: Dachverband der Vereine und Verbände der privaten Tierhalter. Vertritt deren Interessen v. a. bei Belangen der Artenschutzgesetzgebung.

**Fragen zur Aquaristik beantworten**

Ihr Zoofachhändler und der Zentralverband Zoologischer Fachbetriebe Deutschlands e. V., D-63225 Langen, Tel. 06103/910732 (nur telefonische Auskunft möglich)

**Sachversicherung**

• Deutscher Ring Kundenservice, D-20449 Hamburg

• Z. O. F. GmbH, Bahnhofstr. 65, D-31008 Elze

**Bücher, die weiterhelfen**

• Kasselmann, D.: Aquarienpflanzen. Eugen Ulmer Verlag, Stuttgart.

• Schliewen, U.: Aquarienfische. Gräfe und Unzer Verlag, München.

• Schliewen, U.: Kleine Aquarien. Gräfe und Unzer Verlag, München.

• Schliewen, U.: Einzigartige Aquarienwelt. Gräfe und Unzer Verlag, München.

• Greger, B.: Pflanzen im Süßwasseraquarium. Birgit Schmettkamp Verlag, Bronheim.

• Teichfischer, B.: Aquarien dekorativ bepflanzen. Dähne Verlag GmbH, Ettlingen.

• De Wit, H. C. D.: Aquarienpflanzen. Eugen Ulmer Verlag, Stuttgart.

**Zeitschriften, die weiterhelfen**

• Das Aquarium. Birgit Schmettkamp Verlag, Bornheim.

• Aquarien- und Terrarien-Zeitschrift. Eugen Ulmer Verlag, Stuttgart.

www.gu-tierclub.de
*Besuchen Sie uns im Internet.*

# Adressen, Literatur, Impressum

## Das Original mit Garantie

Ihre Meinung ist uns wichtig. Deshalb möchten wir Ihre Kritik, gerne aber auch Ihr Lob erfahren. Um als führender Ratgeberverlag für Sie noch besser zu werden. Darum: Schreiben Sie uns! Wir freuen uns auf Ihre Post und wünschen Ihnen viel Spaß mit Ihrem GU-Ratgeber.

Unsere Garantie: Sollte ein GU-Ratgeber einmal einen Fehler enthalten, schicken Sie uns bitte das Buch mit einem kleinen Hinweis und der Quittung innerhalb von sechs Monaten nach dem Kauf zurück. Wir tauschen Ihnen den GU-Ratgeber gegen einen anderen zum gleichen oder ähnlichen Thema um.

Ihr Gräfe und Unzer Verlag
Redaktion Natur
Stichwort: TierRatgeber
Postfach 860325
81630 München
Fax: 089/41981-113
e-mail: leserservice
@graefe-und-unzer.de

• Aquarium heute.
Aquadocumenta Verlag GmbH, Bielefeld.

• TI Magazin.
Tetra Verlag, Bissendorf-Wulften.

## Der Autor

Wolfgang Gula ist mit der Aquaristik groß geworden. Nach einer Lehre als Gärtner hat er 1986 die Aquarienpflanzengärtnerei seines Vaters übernommen. Neben dem Vertrieb von Aquarienpflanzen und -zubehör beteiligt er sich auch an technischen Neuentwicklungen, die das Ziel haben, die natürlichen Verhältnisse im Aquarium immer besser zu simulieren. Seit 1996 ist er auch als Dozent im Rahmen von Trainingsseminaren für den Zoofachhandel tätig.

## Der Zeichner

Johann Brandstetter ist ausgebildeter Restaurator und Maler. Er wechselte durch Forschungsreisen mit Biologen in Zentralafrika und Asien zum Pflanzen- und Tierzeichner. Seit vielen Jahren zeichnet er für namhafte Naturbuchverlage in Deutschland.

## Die Fotografen

AQUA PRESS/Piednoir: Seite 6/7, 9, 16 u. re., 17 o. li., u. li., 28, 64/U3; Bork: U1 großes Foto (Fische), kleines Foto; Kahl: U1 großes Foto (Pflanzen), Seite 4/5, 8, 13, 16 o. li., 17 u. re., 20 o. re., u. li., u. re., 21 o. li., o. re., u. li., u. re. 24, 33, 37, 45, 49, 52, 57 großes Foto, 61; Kasselmann: Seite 17 mi. li., 20 o. li., 21 u. mi., 48, 53; Nieuwenhuizen: Seite 2/3, 16 u. li., 29, 41, 56; Peither: U2/Seite 1, 12, 16 o. re., 17 o. re., 25, 32, 36, 40, 44, 57 kleines Foto, U4.

## Fotos: Buchumschlag und Innenteil

Umschlagvorderseite: (großes Foto) *Cryptocoryne crispatula* var. *balansae*, (kleines Foto) Schwertträger vor *Limnophila sessiliflora*.
Umschlagrückseite: *Anubias barteri* var. *nana*.
Seite 1: Gesellschafts-Aquarium.
Seite 2/3: *Nymphaea lotus*.
Seite 4/5: Gesellschafts-Aquarium.
Seite 6/7: *Hydrocotyle leucocephala*.
Seite 64/65: Gesellschafts-Aquarium.

## Impressum

© 2000 Gräfe und Unzer Verlag GmbH, München. Alle Rechte vorbehalten. Nachdruck, auch auszugsweise, sowie Verbreitung durch Bild, Funk und Fernsehen, durch fotomechanische Wiedergabe, Tonträger und Datenverarbeitungssysteme jeder Art nur mit schriftlicher Genehmigung des Verlages.

Redaktion:
Birgit Hausenberger,
Joachim Kraus
Umschlaggestaltung und Layout:
Heinz Kraxenberger
Herstellung:
Renate Hutt
Satz: Heide Blut
Reproduktion:
w&co Media Services München
Druck und Bindung: Stürtz
Printed in Germany
ISBN 3-7742-2062-X

| Auflage | 4. | 3. | 2. | 1. |
|---|---|---|---|---|
| Jahr | 03 | 02 | 01 | 2000 |

# EXPERTEN-RAT

*Der Experte gibt Antwort auf die 10 häufigsten Fragen rund um Ihre Aquarienpflanzen*

1 Wie groß sollte ein Aquarium sein?

2 Wie sollte ein Aquarium bei der Neueinrichtung bepflanzt werden?

3 Wie hoch darf ein mit Leuchtstoffröhren ausgerüstetes Aquarium sein?

4 Wie hoch soll der Bodengrund sein?

5 Genügt es, Aquarienpflanzen ausschließlich mit Flüssigdünger zu versorgen?

6 Wie lange soll man die Aquarienbeleuchtung täglich brennen lassen?

7 Wie sollte der Aquarienkies beschaffen sein?

8 Wann ist eine Kohlendioxid-Düngung sinnvoll?

9 Kann ich mein Aquarium mit einer Bodenheizung allein beheizen?

10 Kann ich die Beleuchtung tagsüber ein paar Stunden ausschalten und sie dafür am Abend länger anlassen?